100次元との超越統合

高波動エネルギー研究所 代表
吉澤尚夫

ヒカルランド

はじめに

ここ数年、地球がアセンションしているといわれています。アセンションとは何かといえば、次元上昇です。なぜアセンションといわれてきたか、そして、今、なぜアセンションが必要なのか、多くの人は本当の意味では理解していません。

人間は長らく5次元から下の次元だけで生活していました。3と4と5の次元までしか存在しなかったのです。肉体と心と感性だけ、制限のある3次元世界のみで、6次元から上の次元との繋がりは閉じられていました。

それが20世紀の終わり頃、特に平成になってからは、1000次元などの高い次元の世界が下の次元にまで解放されてきました。封印されていたものが表に出てきているのです。

そして、人間の認識が3次元、4次元、さらに5次元を超え、6、7、8、9、10、

11、12次元、さらに20、30、50、100、1000次元と、感性の一番深い部分まで入れるようになったのです。

3次元世界と我々は言いますが、その外側には4次元、霊界があります。天国や地獄が4次元で、霊が住んでいる世界です。その外側には5次元があります。5次元は神界と呼ばれ、神様がいる世界です。

長いこと人間は、何百年、何千年、何万年も、死んだらあの世に行き、そこからまた転生するという地球の転生ループにはまっていました。

4次元はあの世で、3次元はこの世です。生まれ変わり、死に変わりはしているけれど、この世と霊界、3次元と4次元だけの行き来で、神界を忘れてしまっていたのです。

本来、霊界は存在しませんでした。何万年も前のことですが、霊界はなく、人間は死後すぐに神界に行き、神界から神として生まれてきていました。これを神代の時代といいます。人間と神界が一体化していた時代です。

人間から神、神から人間、神と人間の区別がつかない時代がありました。古代、それも超古代です。古代、神代の時代には、3次元と神界が一体化していました。

そこに霊界、4次元が出てきた。これはエゴです。人間の持っている自我（エゴ）が非常に強くなって、3次元と神界の行き来ができなくなったのです。エゴの世界とこの世の行き来になってしまい、そのことによって神界とのパイプが切れてしまいました。

「人間は5次元化しなければならない」とよく言われているのは、この神界とのパイプを繋ぎ直す必要があるということ。霊界はもう要らないということです。私たちはもう、死んだらあの世には行かずに、神様の世界に行きましょうということです。また神としてこの世に生まれてもいいし、生まれ変わることなく神のまま、3次元を助けるという生き方もできます。生きながらに神の位《くらい》を宇宙からもらって、死後、神界に行く人生です。

5次元よりもっと高い神界が、6次元、7次元、8次元、9次元、10次元といくつもあります。そういった神界に行く神のような人になって、そのうちの多くの人は生まれ変わらずに意識体の神のまま地球人を助ける、もしくはほかの星を助ける。そういった新しい宇宙使者のような生き方、超越した生き方、超越した生き様になる。そんな生き方をする人が増えたらと思い、今まで活動してきました。

　この本では、本来、アセンションとはどういうものなのか、次元とはどういう仕組みなのか、私たちや地球がアセンションするとどうなるのか、宇宙と私たちとの繋がり、そして、実際にアセンションしていくためにはどうしたらいいか、アセンションできる在り方とはどういったものなのかを具体的にお話ししていきます。

もくじ

3❖現実世界での幸せを手にする
～望む世界へワープするためのワーク～

4 ❖ 豊かさ溢れる世界にワープする

カバーデザイン　櫻井浩（⑥Design）
イラスト　ちひろさん
編集協力　宮田速記
校正　麦秋アートセンター
本文仮名書体　文麗仮名（キャップス）

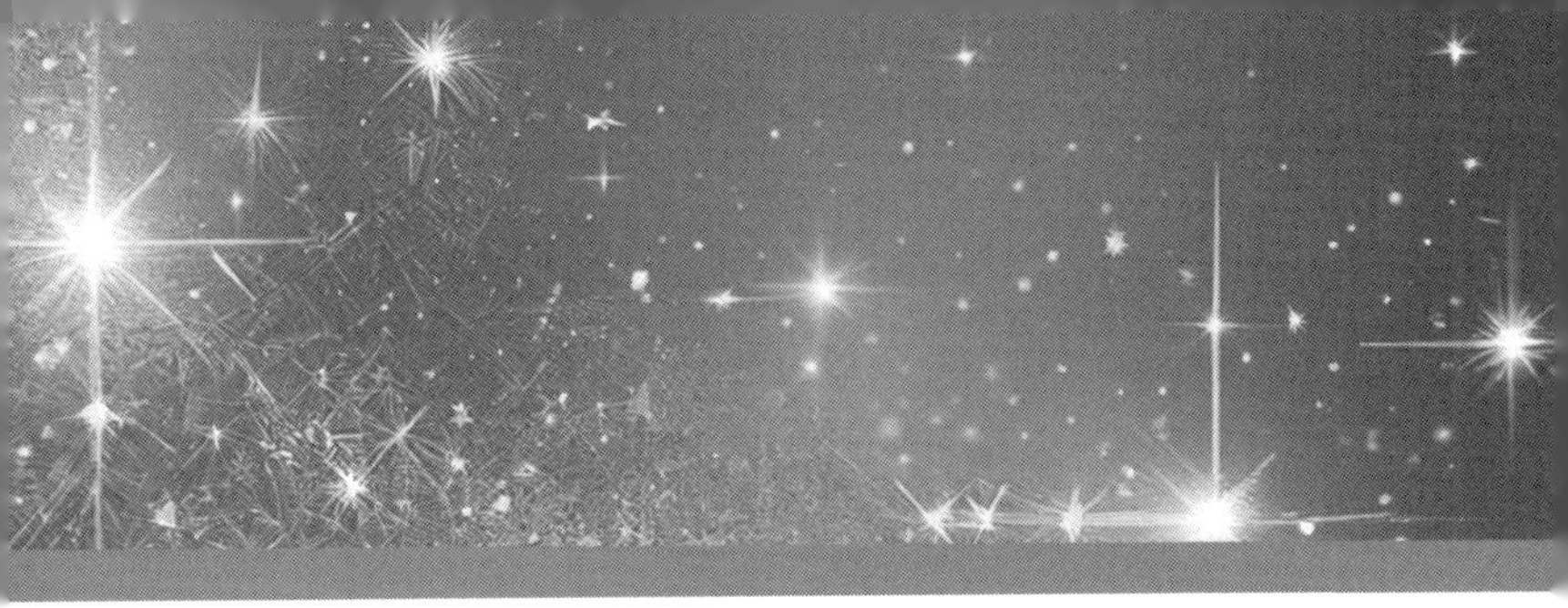

1 ❖ 大宇宙の全ての統合力を手に入れる
本当の幸いとは何か

アセンションとは何か？　アセンションの真実と次元の構造

アセンションと次元上昇

私たちは時間、空間、距離がある3次元の世界に生きていますが、そこを超えた世界にすでに導かれています。その導きを請い、委ねていく。大いなる宇宙の大もとの意識、1000次元のほうの高い意識から導かれて生きるという新しいアセンション時代の在り方に私たちは少しずつシフトしていく必要があります。

アセンションとは次元上昇ですが、では、次元とはどういう構造になっているのでしょうか。

はじめにで触れたように、3次元世界の外側には4次元、霊界があります。天国や地獄が4次元で、その外側には5次元があります。5次元からは神界と呼ばれ、神様がいる世界です。

基本的に人間は3次元世界に住んでいます。その下に2次元や1次元がありますが、1次元は点の世界、2次元は平面、3次元は縦と横と奥行きがある立体です。人間の身体は3次元に物体として存在しています。4次元は心。ここから目に見えなくなります。そしてその上に5次元があります。これは俗に神界などと言われている部分で、感性は5次元にあります。3次元は身体、4次元は心、5次元は感性、6次元も神界で、ここにも感性があります。

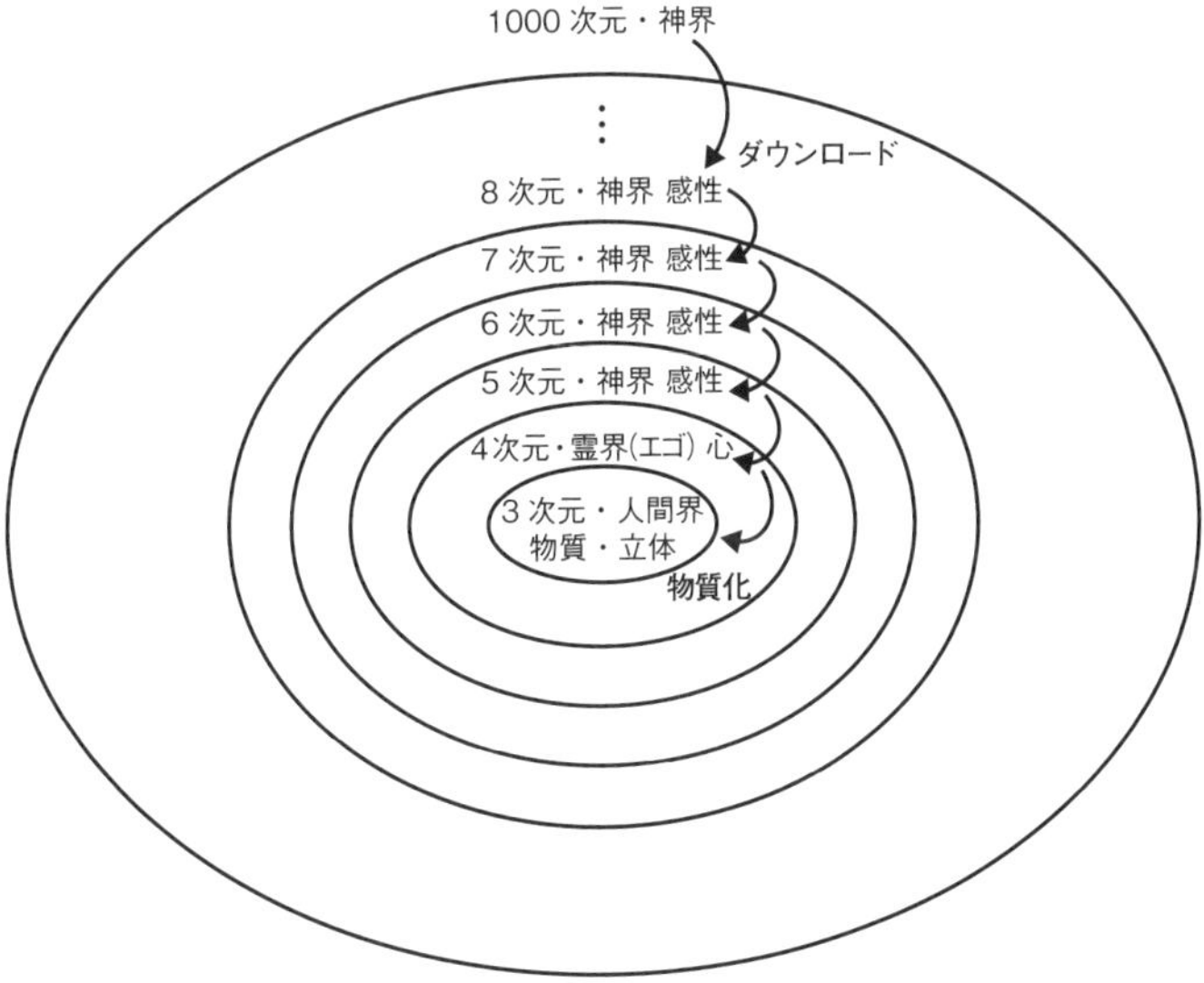

5次元、6次元から上はずっと感性の世界で、7次元にも7次元の感性があります。感性の世界はどこまでも深く、奥へ、奥へと繋がっていっています。8次元から上にも次元があります。

一番上まで行くと1000次元などという次元もあります。その高い次元から低い次元へとダウンロードされたものがどんどん7、6、5、4、3、2、1と下の次元に伝わり、降りてくるように構成されています。

心のある4次元は意識の世界で、空間に制限がありません。思っただけで瞬時に目の前に現れます。思った瞬間にどこにでも行けます。意識で幾らでも空間を創り出せます。「これ、叶ったらいいな」と思ったら、その瞬間に形になっています。どんなネガティブなものでも、どんなポジティブなものでも全てすぐに現れます。時間差がないのです。

3次元は立体であって、時間、空間、距離という制限がある世界です。時間、空間、距離という設定がある世界です。

ですから、4次元の世界でイメージしたことが3次元に伝わり現実化するときには、時間差が生じます。「これ、叶ったらいいな」と思っても、物質化するのには時間がかかるのです。

先ほど申しあげたように、上の次元から下の次元にダウンロードされるということは、5、6、7次元の感性の世界には、天界のもっと上の次元から感性が降りてくるということです。そしてその**感性の変化が心の世界に投影されて心が変化し、心の世界の変化が現実に投影されます。**

人間が5次元から下の次元だけで生活していたということは、5次元までの感性と心と肉体、制限のある3次元世界のみで生きてきたということです。6次元から上の感性は閉じられ、繋がることができない状態だったということです。

それが今は、1000次元などの高いところの上の世界との繋がりが下の次元にまで解放されてきました。3次元世界に存在する人間が、高い次元からの感性を受け取り、最も深い部分の感性まで入れるようにゲートが開いています。これも一種のアセンション、感性の次元上昇です。

また、はじめにで触れたように、長いこと人間は、死んだらあの世に行き、そこからまた転生するという地球の転生ループにはまっていました。

「5次元に行かなければならない」とよく言われるのは、長いこと人間の意識は3次元の人の世界と4次元の霊界の間の行き来だけで、神界との交流がなかった、これではいけないということです。転生を繰り返し、この世と霊界、3次元と4次元だけを行き来しているだけで神界を忘れてしまっている、そんなことではいけないということなのです。

霊界がなく、人間が死後すぐに神界に行って神界から神として生まれてきていた時代には、人間と神界が一体化し、3次元と神界が一体化していました。その時代に戻る必要があるのです。

ワンネスとは？
人間はどうやって生まれ、どこに向かっているのか

「無」から伝えられた「宇宙のはじまり」

無限大マーク（∞）をご存じでしょうか。∞はインフィニティー（無限）を表しますが、それは同時に全ての物事のはじまりでもあります。一番最初は「無」しかなかったのです。私がその「無」とコンタクトを取り、「無」から直接聞いた話をします。

禅宗などの修行では、全ての悟りは「無」から出てくるので、「無」になれば悟りが開けるといいます。一生懸命座禅し、瞑想して、「無」になろうとしていますが、全ての宇宙の歴史は、「無」から始まっているのです。これは無限です。何もないので、ここはある意味、「無」しかない一元の世界なのです。

「無」にも意識がありますが、無限だけがずっと一元でただ「ある」という状態だったら、自分を認識できません。そこで、「無」はまず宇宙を創ろうと思ったのです。わかりやすく言うと、まずはピラミッド状の宇宙を創りました。一番上がワンネスです。これは無・無限、この一元の意識を代表するものとして、ワンネスという意識ができたと、私は「無」から聞きました。ここにワンネス意識体というのがまずできたのです。「無」が、ここの次元というもの、宇宙というものを創造したようです。

次元というのはピラミッドになっていて、その最上部にワンネスという「無」の化身のようなものが実際、存在しているのです。このワンネスという意識体がいろいろな創造をしようと思った。ワンネスも「無」と同じで、ここも一元で、一個しかないので、二元を創ろうと思った。陰と陽、男と女、善と悪、正と邪のような二元で分裂した世界を「無」は体感したかったので、宇宙の創造のプロセスとして創ろうと思ったようです。そして、その下の次元を創っていきました。

999、998、997、996、995、994、993、992、991、990……という1000個の次元の階段があり、ワンネスというのはいわゆる1000といわれている次元なのですが、その下に次元を999次元から11次元まで創りました。古代のカタカムナと呼ばれている日本の古代人がいて、この人たちは999次元から11次元ぐらいまでの領域を天然領域と言っていたようです。

天然領域を創って、そこからさらに二元を進めようと思い、10次元から9、8、7、6、5、4、3、2、1、0次元を創りました。この0次元から10次元が宇宙です。そこにはいろいろな星々や宇宙人などが存在します。そして3次元物理世界の地球には我々が存在しています。

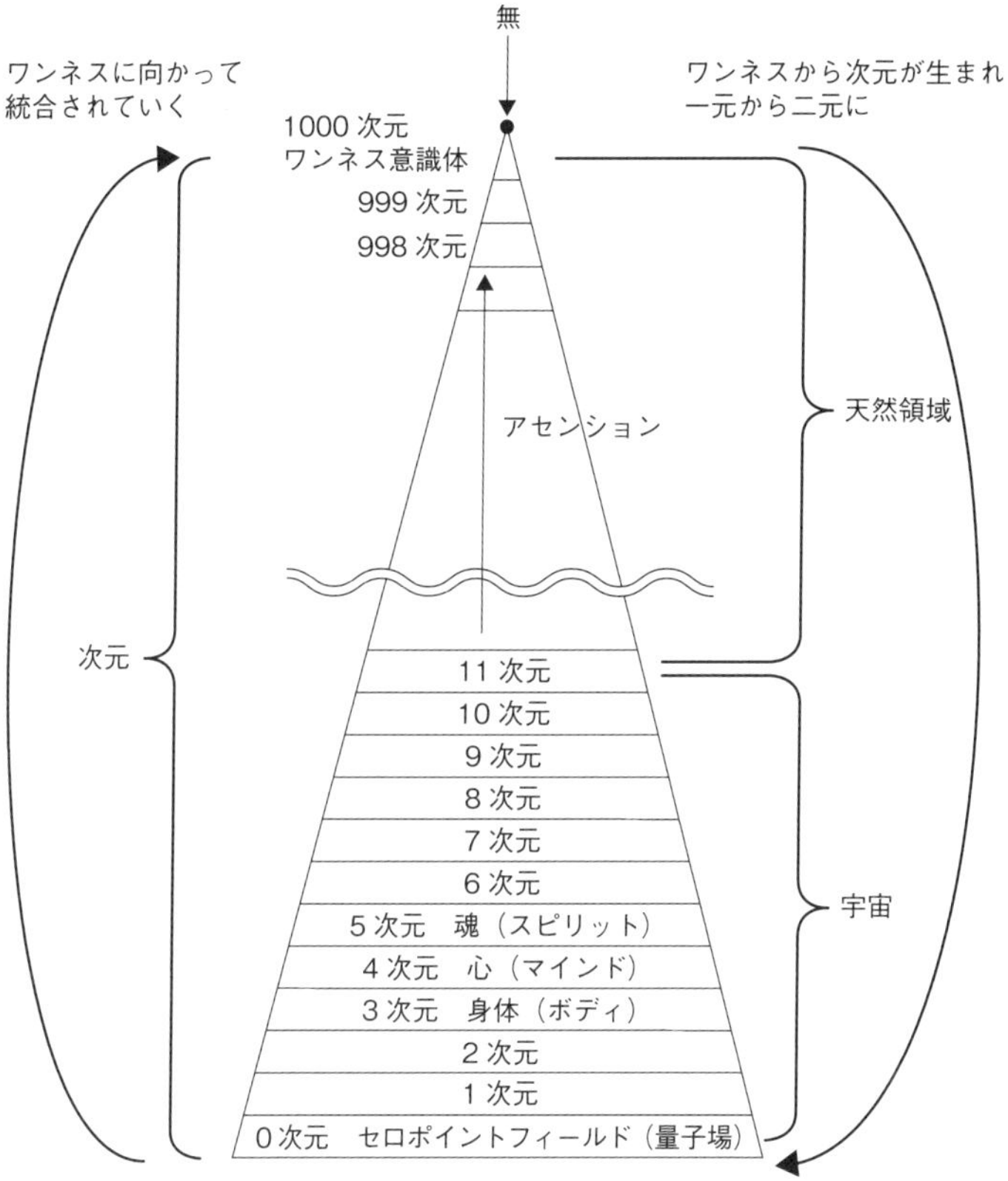
無
ワンネスに向かって
統合されていく
ワンネスから次元が生まれ
一元から二元に
1000 次元
ワンネス意識体
999 次元
998 次元
アセンション
天然領域
次元
11 次元
10 次元
9 次元
8 次元
7 次元
6 次元
5 次元　魂（スピリット）
4 次元　心（マインド）
3 次元　身体（ボディ）
2 次元
1 次元
0 次元　セロポイントフィールド（量子場）
宇宙

0次元というのは科学ではゼロポイントフィールドといわれています。別の言い方をすれば量子場です。素粒子が生まれる世界と呼ばれているのですが、ここまでワンネスから段階を経て次元を創っていって、1000個の次元の層があるピラミッド状にしたのです。本当はピラミッド状ではないのですが、地球上でわかりやすく見るにはピラミッド状がいいので、そうしました。

我々は3次元物理世界にいます。人間の身体（ボディ）は3次元にありますが、心（マインド）は4次元です。人間の本質は魂（スピリット）ですが、魂は5次元にあると言われています。3次元のボディに4次元のマインドが入って、5次元のスピリットが入って、一つの人間としてできています。

アセンションといわれていますが、身体が3次元、心が4次元、魂が5次元にある、その魂がある次元を、5次元を超えたより高い振動数（エネルギー）に変えていこう、ワンネスに近づいていこうというのもアセンションです。

人間の魂のある次元は、実は1000次元ぐらいまで上昇します。どんどん上がっていきます。地球の5次元化とか、6次元化、7次元化などと言われていますが、人間の魂も5次元にあったものが6次元になったり、7次元になったり、どんどん上のワンネスに向かって進化していきます。

人間の魂の5次元の部分が、より宇宙の本源、大もとのワンネスあるいは「無」のほうにどんどん進化していく。魂は霊的に素粒子でできているのですが、その素粒子がワンネスに向かって次元上昇していく。素粒子が細かくなっていって、振動が速くなっていきます。これが周波数が上がっていくという表現になります。

ワンネスに近づいていくとこれは宇宙の大もとのエネルギーなので、限りなく「無」に近いけれども「無」ではないのです。宇宙を創造したエネルギーの大もとのエネルギーです。**ワンネス意識まで人間のエネルギーを昇華していく。これがアセンションです。**

人間は「無」やワンネスから生まれた宇宙の創造の結果、最終進化系のような形でここにいます。魂の存在する次元を上げる、ワンネスに向かっていく、上昇させていくというのが、万人に共通のミッション、天命、そして、魂に入っている記憶です。上昇させていくんだ、とすでに魂は知っているのです。ですから、**どんなことをしても人間は進化していきますし、宇宙も進化しています。**

ワンネスから分岐してできたものが、どんどんまたワンネスに向かって最終的に統合されていきます。一元から二元に、そしてまた一元に戻っていくという大いなる宇宙の循環の中で私たちは生かされています。

人間が3次元、4次元、5次元にありながらも、ワンネス化していくことによって、宇宙全体の波動を上昇させたり、宇宙全体の幸福度を上昇させたり、そういったことに近づいていく。より無限大の幸福に近づいていくためのプログラムが人間の魂には含まれていて、この進化そのものが私はスピリチュアルだと思っています。それを自覚して、より高い次元に人間をワンネス化させていくということが大切です。

「無」というもの（無限）と、ワンネスというものを何となくでもいいので摑み、そして自分が人間として生きている3次元の身体（ボディ）、4次元の心（マインド）、5次元の魂（スピリット）の部分を、いかに次元上昇させて、より無限大の幸福（ワンネス化）に近づけていくか。

それを意識してもしなくても、確実に魂の中にはデータで入っているので、皆さんはどんどん素粒子が細かくなり、振動数が速くなり、より無限大の幸福に向かって次元が上がっていきます。それは日々仕事をしながら、あるいは生活をしながらでも、です。それを念頭に置いておいてください。

無とは何か？　常に無になる方法は？

悟りとは

無とは何か。もう少し別な角度からお話ししたいと思います。

インド人が0という概念を定義したのは、今から2000年ぐらい前と言われています。この0が、わかりやすくいえば無です。何もない＝0、別の言葉では空《くう》などと言われています。仏教では、空＝無は、いわゆる一つの悟りです。いつも無でいる、いつも空でいるというのは、意味はほぼ同じですが、それはいつも悟りでいるということです。

悟りとは「差取り」。差が取れて、なくなるということです。天、人、地では、天と人、人と地の間には境界線があります。天は天で、人は人で、地は地ですが、天と人の間に梯子ができて繋がると、差が0になります。0は無で空ですから、これは空であり、無であり、悟りです。**天と人の間の差が0になり、空、無になるのが悟り**です。差が取れるから「さとり」とは言葉遊びのようですが、**天と人の間の閉じかけていたゲートが全開になって、天と地の行き来が自由になる**ということです。

人でありながら天の働きを宿した人を、天人、あるいは神人といいます。別の言葉でいうと、悟りを得た人です。悟りを得て、人でありながら天の働きを地上で表現することのできる人です。通常の一般的な人というのは、「人間」であって、天と人に間《あいだ》があり、繋がっていません。天と分離しています。これが通常の今の人類です。霊能力のない、サイキックでも何でもない人です。

大昔は、人類はほぼ全員が霊能力のある、いわゆるサイキック、つまり超能力者だったらしいのですが、間のない天人になりなさいという意味で、中国の昔の道教の教典などには、無で生きることの大切さについて書かれています。

常に無でいるにはどうしたらいいのでしょうか。

禅宗では、座禅するようにと言っています。座禅も一つの方法ですが、立ったままでやる立禅もあります。歩きながらやる禅もあります。いろいろな禅の仕方がありますが、静中の静と、動中の静というものがあり、静中の静は、座禅を組んだりして静かに自分の中の無や空を体感することです。動中の静は、立ったり歩いたり、何かをしながら自分の中の無や空を体感することです。この両方が必要です。

朝起きたときや寝る前に、座禅を組んだりして自分の内側を見つめる時間も大事ですが、普段は動きながら、歩きながら、立ちながらでも、自分の中の無や空の空間を感じることができます。呼吸を整え、座ったり立ったりもしくは歩いたりしながら、静中の静や、動中の静、いろいろやりながら自分の内側に入っていく。これは無と空を得ることであって悟りを得る道ですが、常に無でい続けると心の中のゲートは常に全開の状態になります。

頭の中が雑念でいっぱいでいろいろ考えてゴチャゴチャになっていると、無ではなく有になっています。そうするとゲートが閉じてしまいます。天と人との間ができて、人間になってしまうのです。いつも雑念で凝《こ》り固まって、いろいろなことに振り回されて普通の人間になってしまいます。

その雑念をおさめて無になりゲートを開くためには、日頃から呼吸に着目したり、自分の内側に入っていったり、神仏に祈ったりすることが必要です。動きながらでも、止まりながらでも、静中の静、あるいは動中の静によって、静かな空間を自分の中に保つことが非常に大事なのです。

無になるまでの修行は三段階で進む

精神が無になるまでの修行は、三段階あります。「平→静→黙」。人間の修行は、この三段階で進んでいきます。

平は平常心、静は静かなる内面、黙は黙々と動くということです。

人の精神状態も、「平→静→黙」と進んでいきます。まずは平常心、何があってもブレない心。そしてブレなくなったら、次は静かなる内面を構築します。ブレずに静かな内面が構築できたら、最後は何者にも左右されず黙々と動く。そして天地に還元していくという流れになります。

「平→静→黙」。即ち「平常心、静かな内面、黙々と動く」という一つの流れをずっと繰り返していき、三つの段階をクリアしていきます。

これを自然にできている人が達人、天人、もしくは神人です。皆さんは最終的に天人や神人としてこの世の位を極めます。エネルギーや霊的な働きを極めた天人や神人になるための、魂を磨き切るための一番大事なステップが無でいることなのです。「平↓静↓黙」を意識し、普段から座禅をしているような静かな呼吸で、静かな自分の在り方をどれだけ騒がしい中でも確立していくこと。それが、天と人の間の差がない、自分と天が繋がっている状態をつくっていきます。雑念に振り回されていない、内側の空虚な無、悟り、静かな宇宙のエネルギーのようなものが、無になると自分の中に常にあふれてきます。天を感じて生きていくには、呼吸や瞑想などを通して「平↓静↓黙」をつくっていけばいいのです。

アセンションし、神界に行くために必要なこと

神界に行くため、天人となるために必要なものがあります。それは「徳分」です。

古代から、幸福の絶対量のことを「徳分」といいます。あの人は徳が高い、徳が低いなどと言いますが、徳が高いというのは、幸福の絶対量としての徳分が多いということです。

幸福になろうとしたとき、他者の利益を考えず自分の利益を得ようとする人もいますが、自分の利益だけを求めることは逆に利益を遠ざけます。

利他愛で全てを行っていくと、結果的にエゴは超越できます。自分が世の中のためによかれと思ってやったこと、どこかの人々に向けて流した愛が増えて戻ってくるのです。これが結果的に利益になります。そして、これが徳になります。

利他愛で他者や世の中に貢献してきた部分が非常に多くあるから徳が高い、つまり幸福の絶対量が多いのです。貯《た》まっている徳や幸福の絶対量のことを、貯金のように「貯徳」といいます。みんな生きながら徳を貯めているのです。

自分では気づいていませんが、神界には徳分のバロメーターがあります。「功」という単位で測られるのが貯徳分のバロメーターです。「この人の徳分は何功」というように、何十功、何百功と数えるようなイメージがわかりやすいかと思います。

神界に行けるのは、貯徳分のバロメーターが非常に高い人です。利他愛のレベルがずば抜けていて、貯徳が増え、何億功、何十億功、何百億功、何千億功となったら、エゴを超越した存在になれ、神の位をもらえます。

そうしたら、3次元にいながら神のような働きを神の代理としてやっていく。神の代理になる。神の代理人としてこの世に生きたら、それはもう人間ではないので、想像以上に楽しい人生が待っています。

人間とヒトとの違い

人間にある「間」とは何かというとエゴです。**エゴがある人が「人間」で、そうではない神の代理人は「霊止（ヒト）」**です。神の霊が止《とど》まっているのが霊止（ヒト）なのです。「人間」とは種類が違います。

エゴのない「霊止」になると、生きながら神界に生きる人間になります。貯徳量もとてつもない量になり、幸福分の絶対量もあまりに多すぎて、その人に触れた人がみんな圧倒的に勝手に幸せになってしまうほどです。縁があっただけで幸せになってしまいます。そういう「人間福の神」のような人が宇宙にたくさん増えればいいと昔から終始一貫、考えてやってきました。そんな突き抜けている人が地上で一人でも増えれば、地上が天国に近づきます。

最終的に地上は天国になるといわれています。貯徳量がとてつもなく多い人を「天国人間」などといいますが、それを超えた「神界人間」つまり神人が一定数以上増えると、地上が「地上天国」や「神の国」と呼ばれている状態になるのです。21世紀はそういう時代にこれから入っていきます。

いろいろありますが、結果的には全てがよい方向へ向かいます。地球も浄化されて、宇宙も浄化されて、新しい世界にみんな上昇しているのです。

神様も仏様も人間も、全ての命、意識、創造主から生まれたものは進化しています。ですので、少しでも利他愛を高めていき、貯徳量、幸福の絶対量を増やして、福の神、生き神様のようになる人や、現実とエゴの世界ではなく、神代の古代人のような神界と人間を繋ぐ架け橋のようになる人が一人でも多く増えてほしいと思っています。

自我から自由になり、天我の宇宙の心を体現する！宇宙意識と繋がりアセンションする方法

自我と天我

大抵、人間には自我がありますが、その自我から自由になって天我（天の意識）を体現するということができます。天我とは宇宙の心です。天＝天我＝宇宙意識です。

自我を持つ人間は、自分の考えによって時間軸やパラレルワールド、周波数帯を移動し、流れていきます。しかし、気づいた人がいるのです。「考えることをやめよう、自我ではなくて、天と繋がればいい」と。

天＝天我＝宇宙意識と繋がれば、今までとは違う流れになります。自分がアセンションして次元上昇すると、それまでとは違う人生の流れに入ります。それまでの、思

考だけで生きてきた世界の流れとは全く違う「天我」と繋がった、全く新しい、それまでとは違う人になるのです。その新しい人には「天我」が入っていて、「天人」に生まれ変わっています。アセンションが済んでいるということです。

アセンションが済むと、自我が消えます。そうすると自我で考えることによって進むのではなく、委ねる、手放す、リリースやサレンダー、宇宙に降伏するということをしていきます。「無」であり、悟りの境地、「空」です。

自我を持ち、考えることによって進む人間は、どこまでいっても自我を持ったままです。けれども、一度、天に繋がり、天我を生きるようになれば、そのまま天我、つまり宇宙意識に沿って人生が流れていきます。そうなると、どう流れていってもその人は進化し続けます。宇宙意識と繋がり続けている、進化し続けている人となってどんどん覚醒していきます。

本当の分離と統合

アセンションしないまま生きている人が、世間のだいたい9割以上です。その多くの人とアセンションした人では話が全く通じなくなります。繋がっている部分が全く違うからです。天我を生きる天人が自我のまま生きている人に話しても、理解ができません。天人にわかっていることが、自我を生きる人にはわかりません。住んでいる世界が違うのです。

アセンションが進めば進むほど分離が進むと言われますが、天人と自我を生きる人が理解し合えなくなること、これがまさに分離です。自分の思考で生きている人間と、天に全て手放して、天我で生きている人との間に分離が起こります。天人は「無」であって、「空」であって、空っぽですが、その中に宇宙が入ってきて、宇宙意識の出張所のようになるのです。

宇宙意識の出張所となった天人は、普通の人と同じような時間軸を生きているように見えて、実は全く違う時間軸に生きています。天人は普通の人にとっての1年が1億年分になるほど大きく進化をしたりします。全く違う時間軸、次元軸を生きているのです。普通の人が3次元的に生きていたら、天人は10次元的に生きている。高次元的です。全く違う人生になります。

普通は3次元で生きる人が、ほぼ全員です。高次元のごく少数の1割未満の人は自我から自由になって、天我（宇宙の心）と対面します。悟って、覚醒して、突き抜けていくと、天がその人を操縦しているような状態になります。そうなると一般人には理解ができないような状態になります。

逆に言えば、9割以上の普通の人間を天は操作できません。自我が強すぎて入ってこられないのです。不純物が多すぎて、天人となった人たちがこの自我の強すぎる人たちに影響を直接与えることも難しくなります。直接的に影響を与えられる人は、自我がクリアになっている、宇宙と繋がっている清々しい人なので、宇宙はこのクリアになった人を使っていくのです。

よく浄化と言われますが、なぜ浄化が必要かというと、このまま永遠に濁ったまま生きていくならいいのですが、本当に宇宙と繋がってレベルアップしたかったら、浄化しなければ不可能だからです。浄化して、エゴではなくて、エヴァ（愛）を生きる愛の人になってもらわないと、天我の人にはなれないのです。エゴを中心に生きている多くの人をいかにエゴから離し、エヴァに変えていくか。ここが人間の世界での分離です。

そして、エゴから分離しエヴァになっていくということが、人間の本当の統合です。

本当の統合とは宇宙との統合であって、人の世界では分離していくということになります。

人の世界での分離はもっと進んでいきます。高次元に生きるようになってくると、エゴで生きる人とは全く関わり合いがなくなるという人がどんどん増えていきます。上の次元のほうに近づくと、下の次元の人とは関わりません。上の次元で関わる人とだけ関わっていって、下の次元のほうの人など存在すら忘れたようになります。もちろん下の次元の人は下の次元の人で存在はしていますが、高い次元にいると認識しなくなっていくのです。

そんなふうに世界は、この数年から10年、大きく見ると20～30年で極端に分離していきます。1987年以降、特に分離してきています。東日本大震災が2011年3月11日にあって、そこから特に分離の層が非常に厚くなって、だんだん強くなってきました。

高次元の世界で生きていきたい、アセンションしたいという人は、天（宇宙）と常に繋がっていたいという魂を持つ人がほとんどです。自分をいかに浄化し無や空になってクリアになり、天に委ね、宇宙の意識に使ってもらうという生き方にシフトしていくか。それが、より幸福度の高い、アセンションした生き方ではないかと思います。自我から自由になり、宇宙と統合し、天我（宇宙の心）を体現することで幸福度は上がっていきます。

魂が成長する利害打算を超えた生き方とは？

エゴの判断基準と魂の判断基準

エゴのない無の境地についてもう少し具体的にお話ししようと思います。

利害打算を超えた生き方というものがありますが、通常、人間は自分にとって何の損があるか、何の得があるかを見極めながら生きています。有史以来、必ず人間には エゴ（自我）がありますから、自分の生命の潜在欲求として、エゴ（自我）が自分にとってどれだけ得か、どれだけ損かという利害感情を持つのです。利害打算は経済活動、社会生活には不可欠です。ポイント還元システムや、コロナ禍のときの政府のＧｏＴｏ政策など、どれだけ得か損かで行動を選択する。これは通常の概念であり、多くの人が持つ判断基準です。常にこの利害打算の感情が、公の組織でも個人活動でもひとつの基準とされます。

ところが、これはあくまで人間の自我のレベルであって、魂レベルの意志、意識、判断は別のベクトル、別の次元に存在します。魂レベルでは利害打算、損得勘定はありません。魂の意志、意識、判断は、利害打算や損得勘定などを超越しています。これが高次元の意志であり感性です。

魂の成長に必要なもの

利害打算は低次元の意志でエゴの活躍場ですが、エゴの自我判断というのは実は５％ぐらいです。この５％のエゴの自我判断で利害打算して、損か得かで経済活動（社会生活）が動いているのですが、無意識の領域では、魂の意志、意識、判断で、利害打算や損得勘定なく、超越している高次元の意志によって、本当に必要な魂の利益を得ようとしています。

これを魂の栄養、恩頼（みたまのふゆ）といいます。**恩に頼ると書いて恩頼（みたまのふゆ）、これが魂が得ている栄養、魂の栄養**です。人間は恩頼（魂の栄養）をもらって、95%の無意識で、利害打算、損得勘定を超越したところで判断して動こうとしているのです。

では、この魂の栄養とは何か。愛だったり、感謝だったり、神氣だったり、神エネルギーや感動、もしくは新しい体験だったりするわけです。それが魂の栄養としてインストールされて、無意識のレベル（魂レベル）で利害打算、損得勘定を超えた本来の魂の成長をもたらしています。

その結果、魂が成長すると、器が大きくなります。器が大きくなると、その器に応じた仕事、ミッション、天命がやってきます。その仕事、ミッション、天命に、ひたすら人事を尽くすことによって、魂に愛、感謝、神氣、エネルギー、感動、新しい体験という栄養が入ってきて、自分の魂が成長していきます。

魂が成長して器が大きくなり、するべき天の仕事、つまり天命が来て、より大きな角度で魂の95％の部分が満足する生き方をすると、5％の損か得かというエゴの判断はどんどん小さくなって、なくなっていきます。5％が最後、0・0001％ぐらいになって、ほとんどないに等しいぐらいまでエゴが縮小していきます。最終的に、全くエゴが感じられない人になります。

「エゴがない」と思える人が稀《まれ》にいますが、そういう人のエゴは、0・0001％ぐらいしかありません。魂の意志、無意識の衝動に従って生きていて、愛、感謝、神気、エネルギーや感動で魂がいっぱいで、常に器が大きくなり、仕事、天命が来て、無意識のほうが充実していくので、エゴはどんどん小さくなっていきます。ただ、肉体を維持するためにエゴは必要なので、なくなりはしません。ほぼないに等しいほどエゴが小さくなっていくのです。

これが本当の意味での利害打算を超えた生き方であって、魂が神化《しんか》した生き方です。エゴがほとんど操業停止になって、魂の意志でほぼ全部動いている。そういった生き方にシフトした人がアセンションした人、つまり高度に霊的に進化した人です。

皆さんにぜひ意識していただきたいのは、自分の利益のために生きるエゴまみれな生き方もありますが、それを超えて魂を充実させる生き方もできるということです。

頭で考えるのではなく、本質のハートの中心から素直に幸せに生きていくという生き方に自然にシフトしていく。魂を成長させ、社会の役に立って、自分の役に立って自他ともに愛の正しい循環を起こしていくことがあなたにもできます。

そうすると波動がどんどん上がって、強くなっていく。器が大きくなり、意志がより強くなり、宇宙から得るエネルギーで常に充満するようになります。そして魂が枯れずにいつも元気で、回復も早く、やることがどんどんできていくという新しい循環に自分を常に持っていけます。常に高い次元の宇宙のエネルギーでその人が生かされていく、これが利害打算を超えた、アセンションした生き方です。

「ある」に意識を集約させる大切さ

人間は極めて波動的な生き物です。万物は周波数でできています。全て波なのです。

波に意識や意志を入れると素粒子になります。素粒子が固まって人間の細胞、生命の細胞などに物質化します。目の前にある、本やペン、椅子などそういった物質化したものは、どこまでも分解していくと、最終的には素粒子になり、意識と意志が入った波となります。

何を物質化するか、**どういった現実を創るかは、基本の意識や意志をどこに置くかが非常に重要**になってきます。

潜在意識を見てみると、大抵、二つに分かれます。「ない」という意識を基本にして考えていることがほとんどです。これは欠乏感です。そして「ある」という意識が基本の生き方があります。これは感謝です。

世間の流れとしては、欠乏の意識、「ない」という意識を基本にして生きていく人が圧倒的に多いです。だからいろいろな問題やトラブルが起きます。日本の経済が何十年と止まったりするのも全て「欠乏」、「ない」という意識が基本になって潜在意識に色濃く染みついているからです。「ある」が基本の、感謝を基本とした生き方にシフトしていくことで、「ない」という意識や欠乏感はなくなっていきます。

このエネルギーが集合無意識に働いて、社会の大きな流れに変革が起きてきます。

社会が変わるとき、世の中が変わるときは、集合無意識が変わるときです。ある一定の人たちが感謝の意識、「ある」という意識になったときに、集合無意識全体が変わり、社会変革が起きて、世の中全体が変わります。ちょうどここ数年で集合無意識に変化が起きて、社会全体の制度が全部変わるというふうに世の中に変革が起きています。感謝の意識、「ある」という意識にシフトするということは、一種のアセンションです。次元上昇、次元が上がるということです。

アセンション、つまり次元上昇している人は、感謝、もしくは「ある」という意識が基本なので、波動が軽くて強くて高く、ある意味、最強です。その意識をさらに拡大していくと、皆さんにも望みや願いがあると思いますが、そもそも何かを望むとか、願うということを超えていきます。もうすでに「ある」という意識に集約していくのです。足りないから望む、足りないから願うということを超越していきます。

そうすると、もうすでにあるという意識、意志が周波数や波に入るので、それが素粒子化して細胞になり、物質化します。自然に願いが現実化するという形になるのです。別に望んでもないし、願ってもいないし、もうすでに望んでいたものは自分に「ある」という意識で肚《はら》で決めて決意してしまっただけです。それだけで波から素粒子が現れ、物質が現実化してしまうのです。

この現実化のポイントは、**もうすでに「ある」という意識、意志を周波数に与えるようにすること**です。ある一定のレベルで与え続けると、自動的に素粒子になり物質化して現実化しますから、何をもうすでに「ある」という意識に集約するか、それが非常に重要です。

欲しくないもの、自分が求めていないものを、無意識的に口癖や習慣で「ある」ことにしてしまっている人がいます。ネガティブなもの、恐怖や不安、恐れといったものをニュースや社会の流れで洗脳のように刷り込まれて、その恐怖で、必要以上の警戒心を持ったり怖れを持ったりして、それが顕在化して、実際によくないことが起こったりすることがあります。そういったネガティブなものではなく、自分が本当にお腹の底から望んでいることを、いかにもうすでに「ある」と決めてしまうか。決めてしまってあとは宇宙の流れに任せていると、知らないうちに周波数が素粒子化して、願いが一瞬で現実化します。

自分がいつも何を「ある」と意識して生きているか、何を「ある」と思ってそこに集約して自分の人生を統合していくかが、今後、その人の運命を左右する鍵になります。

すでにある宇宙の流れに全託すると、統合が起きる

流されて生きていい　～サレンダーとは～

宇宙の流れに任せて生きるのが難しいという人がいます。

世間では、よく「流されて生きちゃダメ」といいます。周囲に流されて生きてはダメだと、私も昔から両親に言われていました。

本当にそうだろうかと思ってずっと研究して結論としてわかったことは、人は流されて生きていいということです。流されて生きていいのです。なぜなら、人は環境の生き物だからです。環境の生き物とはどういうことかというと、周囲と同化するとい

うことで、これがつまり流されるということです。これは避けられるものではありません。「流されて生きてはダメ」と言われていたのは実は不可能で、人は流されて生きていい。そもそも流されるようにできているのです。

流されるということを別の言葉で言うと影響されるということです。必ず人は周囲に影響されて生きています。仲よし7人の収入を全て足して7で割ると、それが自分の収入になるという話がありますが、それだけ周りの周波数と影響し合って生きているということなのです。

仲よし7人を、収入が高い人に入れかえたらどうなるかというと、自分の収入も一緒に上がります。周りの環境と共鳴しながら生きているからです。自分の意識が変わったら、仲よしの7人も変わります。仲よし7人の人材を意図的に変えても、自分は変わります。自分は他人であって、他人は自分で、相互の環境が全て投影されながら生きているので、私は自分と他人が影響し合って創るひとつの世界を「投影パラレル」と呼んでいます。

この**「投影パラレル」をよりよくし、より波動が高い方向に持っていくと、自分も他人も同時に変わります。関係している人、100人に影響が及ぶ**のです。

私はよく神社にお参りに行きます。あるとき、伊勢神宮の外宮《げくう》に行ってご祈禱したのですが、自分だけではなくて、自分の奥さんや仲のいい人、そういうところまで波動が飛んでいったようです。仲のいい人に「今日すごい波動がきたんですけど、何かありましたか？」と言われましたが、祈禱のときにその人のことなんか特に言ってはいません。けれども繋がっているので、自分の周辺環境全部に波動が飛んでいくわけです。鋭い人も鈍い人もいるので、そういった声を聞くのは一部ではありますが、よくも悪くも周りに影響はいっています。生きていればどうしても影響を受け、流されてしまうのです。

流されないように生きようと思うのはエゴ（自我）なので、ほぼ無理です。**常に影響し合って、流されて生きていくのが宇宙の真理**です。真理ということは逃げられないのです。

だから逆に、いい影響を与え合う。いい影響を自分の仲よし7人にだけではなくて、自分が関係している知り合いなども含めて100人ぐらいに与える。自分の波動が上がることによって、周りも自動でアセンション（次元上昇）していきます。たった1人の意識の次元が上がることで、周りの100人にもアセンションのいい影響がいくことになりますから、流されて生きてはダメと思わないで、運命の大いなる流れに流されてください。

運命の大いなる流れは誰にでもあります。これに身を委ねて流されると、人生が最もいい方向に進みます。運命の大いなる流れに身を委ねて流されると決めると、「大我」が生じます。これは何かというと、魂の意志です。皆さんの**魂の意志（大我）が発動して、魂の意志の選択によってステップアップが自動的にいい方向にいくには、運命の大いなる流れに身を委ねて流されること**です。

これをサレンダーといいます。直訳すると降伏という意味です。全託、全て託す、全て委ねるということです。そうすると、運命の大いなる流れが魂の意志を尊重し、最も幸福な方向に導いてくれます。

大いなる運命の流れに流されてください。全託することで魂の意志がきちんと生かされて、その魂の意志で自動的に生きられるように宇宙のほうから調整が入ります。全てお任せすることで、寧《むし》ろ超人となり、人生が開いていくのです。

全てを委ねたとき、人生は開く

人間には魂があります。ですから魂が望むように人生が進んでいるのだと思うかもしれませんが、違います。魂以外に、その人をとり巻く全体意識というものがあるのです。その全体意識が決めた方向に人生は開いていきます。

その人の魂があってその外側に心と身体があり、三層構造になっています。魂（スピリット）と心（マインド）と身体（ボディ）が思ったとおりに進むことで人生が開くのではなく、**魂、心、身体以外に、その人をとり巻く全体意識があって、全体意識で決めたことが、魂と心と身体に伝達されて、全体で動いて人生は開きます。**

ですから、いかに全体意識を納得させるか、全体意識から動くかです。魂と心と身体が納得しているのは当たり前で、それをとり巻いているその人の全体意識、全体の情報場（インフォメーションフィールド）から動いて人生が開いていくので、その人をとり巻く魂、心、身体を含めた全体の情報場（全体意識）をいかに納得させて、全体意識（情報場）から動くかが重要です。

その場合、魂と心と身体は何をするべきか、どのようにしたらいいか、どんな感じにするのがいちばんいいのかは、一言で言うと、自分をとり巻く全体意識の情報場に、全部お任せしてしまえばいいのです。これを統合といいます。全体意識と自分の魂、心、身体を、統合させる。全体意識の情報場と魂と心と身体が統合すると、超人になります。

自分の魂と心と身体を、自分をとり巻く全ての全体意識（情報場）にお任せしてください。自分の人生そのものでもある、自分をとり巻いている全体の情報場に、「自分の人生を全てお任せします、お委ねします」と言ってサレンダーする。降伏して手放して帰依《きえ》してしまうと、皆さんの人生は統合され、超人化していき、全体意識が納得して、全体意識から動く人生が爆発的に開くのです。

宇宙の大いなる流れに委ねたときに発生する恩寵とは？
宇宙の恩寵に感謝し一体化する

まず、宇宙の恩寵とは何か。宇宙の大愛、ギフト、才能、導き、守護、そういったものが恩寵です。

例えば人間が今いる場所で、宇宙の恩寵がくると想像しているとします。物事が向こうから流れてくるだろうとイメージしますが、願ったとおりにいくかというと、わかりません。大抵は願ったとおりではなくて、少しずれてしまうことが多いのです。なぜかというと、イメージした時点でエゴや欲が入っているので、それによって流れがブレるからです。純粋なイメージだったら、願いどおりの物事が起きるのでしょうけれども、大抵はエゴと欲が入っているので、ブレて形になりません。

引き寄せというのは、一点狙いです。狙って引き寄せます。ただ、恩寵を得ようとするのは引き寄せとは違います。

宇宙の大いなる流れに身を委ねたときに、宇宙は人に恩寵をくださいます。**恩寵＝ギフトというのは狙ってもらうものではなく、大宇宙の大きなバイオリズム、大いなる流れに身を任せたときにやってくる、宇宙の大いなる愛**です。

人間が今、生きて、空気を吸って、ご飯を食べて、寝て、仕事をして、プライベートな時間を過ごしてという流れが3次元の空間でできています。内面は4次元、5次元と繫がっていますが、この空間で行動できているということ、それ自体がギフトであって恩寵です。生きているだけで丸儲けという言葉がありますが、それは生きているだけで恩寵によって生かされているということを指しています。

この宇宙の恩寵を失わずさらに受け取るには、宇宙意識の恩寵というものに関して、心から「ありがとうございます」と感謝することです。そうすると、宇宙意識が「そうか、じゃ、恩寵によってあなたにギフトを授けよう」と、宇宙の大いなる流れに乗せてくれます。そして、恩寵＝ギフトがその人に入ってきます。

意図してもらうものではないのです。感謝して宇宙意識のほうに意識を合わせることによって、宇宙意識が恩寵を授け、流れに乗せてくれることで、宇宙意識と自分の間に循環する流れ（通路）ができてきます。そうすると、この流れに乗ってさまざまな恩寵がさらに宇宙意識からきます。宇宙意識に感謝する、恩寵がくる、さらに感謝する、恩寵がくるという循環が起こります。宇宙意識からくる感謝と恩寵の流れ、偉大なる回転が発生します。これをパイプ、もしくは道ともいいます。

これができていると、宇宙から莫大なエネルギーが入ってきます。その人が宇宙意識に感謝を向け、宇宙がその流れに乗せようとしている限りは、パイプを通って恩寵が入ってきて、莫大な宇宙からの恵み、幸運、ギフト、才能、能力、導き、守護といった、プラスアルファの莫大なエネルギーでこの人は生かされます。レベルや波動が上がります。器が大きくなります。アセンションしていきます。そしてその人の磁場、パラレルワールド、集合意識が最適化され、どんどん器が大きくなって、意識レベルが上がっていきます。

全自動で人生を最適化してよくしていくためには、宇宙の恩寵に感謝して、一体化していこうという意識の流れをつくらなければいけません。宇宙の大愛は無限大なので西洋流に何かを引き寄せていくというやり方も悪くはありませんが、大体ブレますし、1点の引き寄せだったら得られるものは1個だけです。しかし、恩寵で生かしてもらい、ギフトをもらうのなら、その願いを含めて、さらに想像を絶する段階まで願いが叶っていきます。引き寄せをはるかに超えます。自己が最大限に成長していきます。

確実に自分がよくなろうと思ったら、宇宙意識に対して感謝して、恩寵を授かるという流れをつくる。これが確実に人間が幸福になって、結果的に願いも叶うやり方です。

天と地の調和とは

願いが叶っていても不満のない生活をしていても、どこか空虚感を抱えて生きている人がいます。どうしたら満たされた気持ちで生きることができるのでしょうか。

天という存在があります。そして地という存在があります。天は、宇宙、神、天使といった超越したような存在です。地は、現実社会（3次元）の地球での生活です。天と地の間に立っているのが人です。天にも繋がれるし、地にも繋がれます。皆さんは人ですね。人は魂であり、意識なのですが、意識体として、魂として過ごして、天、宇宙、神、天使など、超越したものに繋がることができます。もしくは、地、現実社会、3次元の地球生活に繋がることもできます。

人として天とどう繋がるか、地とどう繋がるか、このバランスが重要です。一般的な生活をしていたら、天のほうは見ていません。通常、学校で教育され社会人になるにつれて、地、つまり現実社会、3次元の地球の生活だけを考えて生きるようになっていきます。そうすると地ばかりを見ることになります。天を見ている人をどこかバカにしたように言う人たちのグループは、マスコミを含め、まだまだ多くあります。

確かに天にだけ意識を向けて生きていて、仙人のような変な宇宙人のような感じになってしまう人もいます。その人自身の存在は尊いかもしれませんが、社会との間に循環が生まれず、偏ってしまっていると言えます。逆に現実しか見ていない人は、魂に大事な要素、宇宙や大もとの意識と繋がるということを受け入れる概念がないので、意識が閉じたままで、心に穴があいたような虚しさがずっと残っています。そういう人の割合のほうが多いです。

偏りがない状態というのは、一社会人として現実社会（3次元）の地球の生活を認めて受け入れた上で、天、宇宙、神、天使など、超越的なものも受け入れる、全てを受け入れるという意識でいる状態です。これが、「バランスが取れた調和」という状態です。

20世紀までの世界は、現実社会ばかりを見ているのがまともで、天を見ている人はおかしいという方向で教育がされていましたが、見えない世界と、見える世界を全て受け入れている状態、両方を受け入れて調和している、そんな生き方を保っているというのが、21世紀の新しい社会には必須であり、当たり前になっていくと私は思います。

ここから数年で、地球上のあらゆる意識が本来の状況を取り戻していきます。人間社会も本来の状況を取り戻し、バランスの崩れた人がだんだん整ってきて、調和していきます。見えない世界も見える世界も全部受け入れられていく。それが本来の、幸福な基本の在り方だということが感覚的にわかる人が増えてきます。

社会のあり方も、根本的に変わってきます。2020年から2025年頃までに、世の中の流れの根本が変わってきます。新しい地球の波動に全面的に生まれ変わろうとしています。

そのときに、見えない世界と見える世界のバランスの取れている人が、いち早くあらゆる洗脳や悪い方向づけなどネガティブなものから身を守って、一人一人の魂（意識）の調和した幸せな生き方を自分でつくっていけます。今後、皆さんは自分自身の内側をしっかり見た上で、天と地のバランスが整った人としての魂、意識、調和的な在り方を持った自分をつくっていってもらえたらと思っています。

先天の道と後天の道の統合「先後一致の妙境」

そのバランスを突き詰めたときの究極の幸せとはどんなものでしょうか。

この世には先天世界と後天世界があります。先天世界というのは見えない世界です。後天世界は見える世界です。先天の見えない世界と後天の見える世界でこの世はできています。後天の見える世界は、皆さんが物理的に見ている世界です。先天の見えない世界というのは異次元、つまり人が目視できない世界です。

先天世界は見えない世界ですから、天や宇宙、スピリチュアルな世界です。後天の見える世界というのは現実社会、実社会のことです。

先天の天に帰依するという在り方があります。天に帰依するというのは、宇宙に自分の主権を明け渡すということ。これがサレンダーです。天に自分の主権を明け渡すことで、天の、宇宙の見えない世界の力と一体化しようとすることを「先天の修行」といいます。自分のほうから行くのではなくて、自分の在り方を整えることで、向こう（天）のほうから引き上げてもらおうとすることです。

後天の見える世界は現実社会ですが、ここで自分の心身を錬磨《れんま》しようとすることを「後天の修行」といいます。帰依する、サレンダーする、自分の主権を明け渡してしまうのとは違い、明け渡すことはしません。心身を錬磨し、自分の望む方向のエネルギーを一生懸命引き寄せようとしたり、山野を走ったり、滝に打たれる（滝行）のも

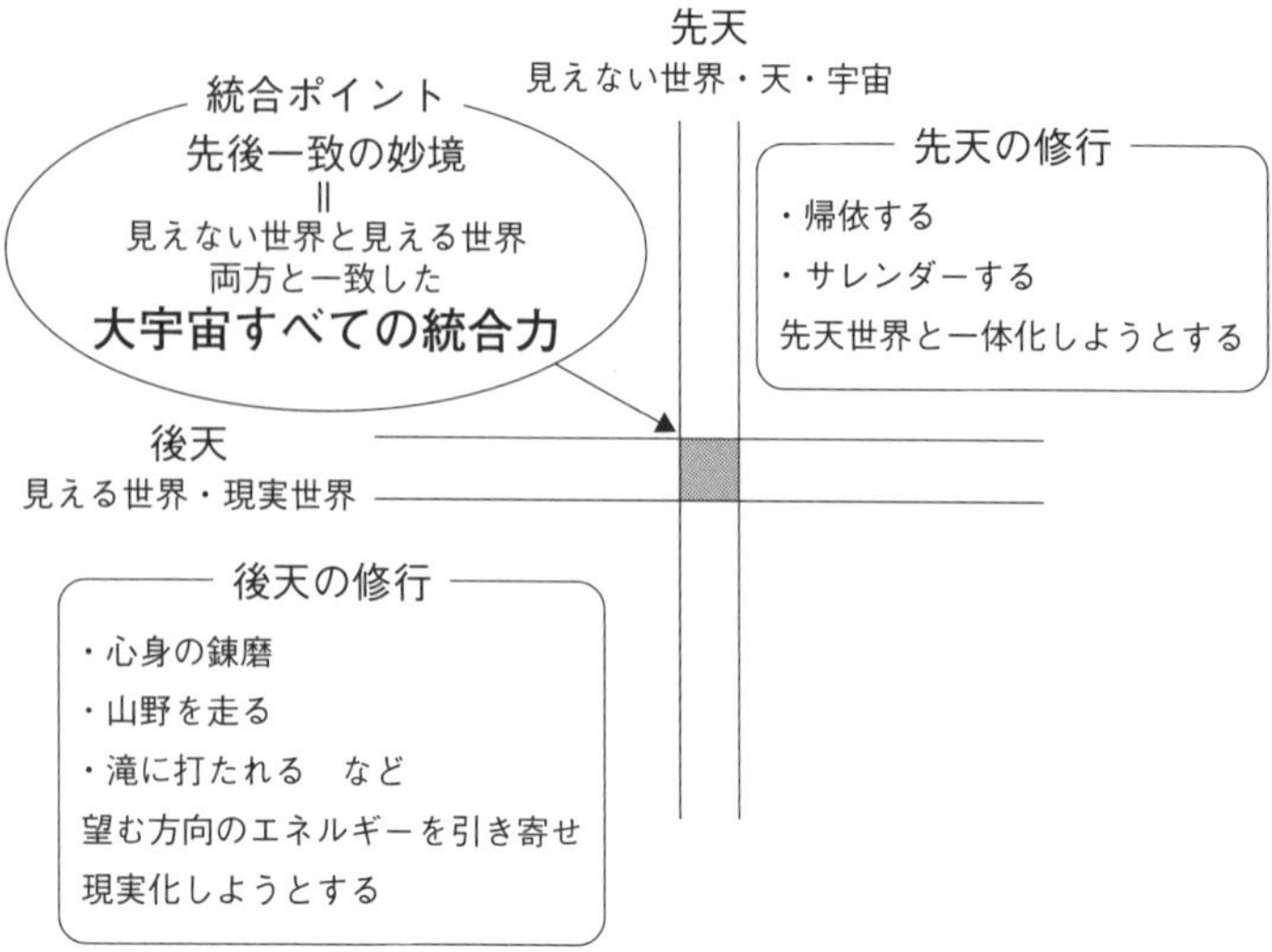

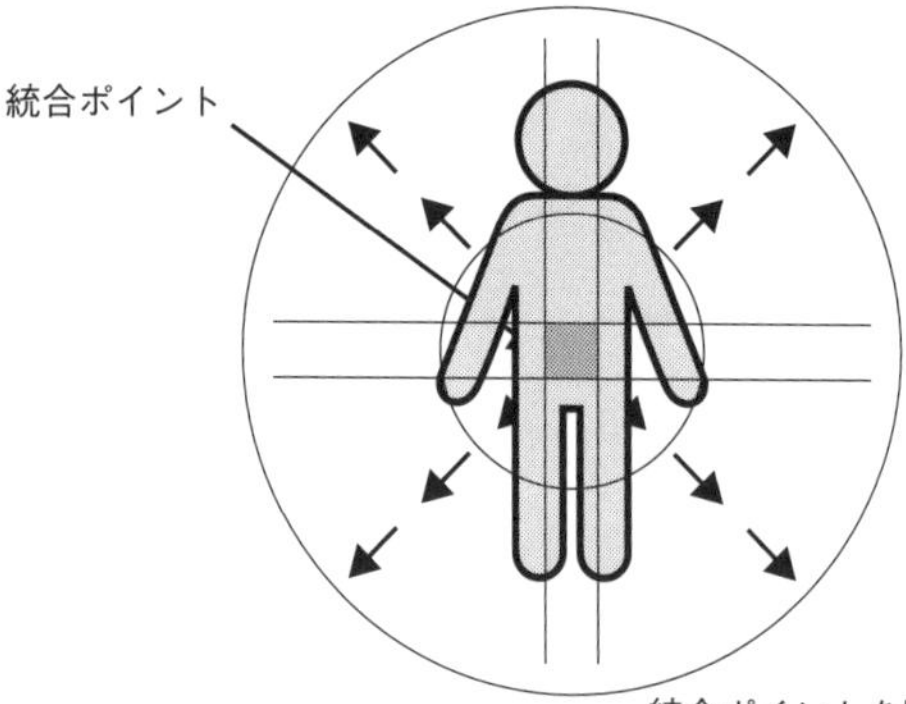

統合ポイントを肚につくると
大宇宙全ての統合力のエネルギーが
自分の内側の宇宙から外側の宇宙に広がる

みんな後天の修行です。一生懸命、現実的になんとかしようとする全ての修行を後天の修行といいます。

先天の修行ばかりやっている人もいますし、後天の修行だけをやっている人もいますが、両方いいところがあるのです。ただ、悪いところもあります。

私がお勧めするのは、「先後一致の妙境」です。先天の修行、つまり天に帰依し、サレンダーして主権を明け渡すことと、主権を明け渡さずに山野を走る、滝に打たれる、心身錬磨、引き寄せといった後天の修行、つまり現実社会をきちんとしていく。その両方をやるのです。先天の道を縦とし、後天の道を横としたとき、縦と横の両方をやるわけです。縦の一体化は先天の修行で、横の一体化は後天の修行です。宇宙に、天に、自分の主権を明け渡しながら、自分自身で心身を錬磨し、引き寄せをし、やれることは全部やっていく。決意をすることは決意をして、実行することは実行して具現化していく。先天と後天の修行、両方を一体化しながらやると、あるポイントで統合します。統合して先後一致するのです。この**統合された先後一致というのが、大宇宙全ての統合力**なのです。

先天の修行と後天の修行を全部同時に行っていくことで、先天と後天のエネルギーの両方が一体化して統合が起き、先後一致の妙境というすばらしいエネルギーがあらわれます。

先天の修行と後天の修行を別にやるように言っている人はいます。ただ、統合して全部やれとは誰も言っていません。私は、統合して全部やるのが一番いいと考えています。

毎朝起きたときに「**自分の人生の主権を明け渡します**」というサレンダーの宣言をし、それと同時に、今日、何をするかということを引き寄せ、心身鍊磨し、具現化する。あるいは、今日一日、具現化したいことを肚に決めて、これを実行すると決める。明け渡しながら決めるのです。

私は毎朝起きたときに、一日の私の人生を全て天に明け渡します。サレンダーします。そして自分ですること、具現化したいことを宣言します。

「**自分は魂の底からこれを今日、成し上げます、決意します、肚落ちさせます。ですからこれを守護してください**」と明け渡しながら、なおかつ自分で決意して、この統合ポイントを自分の中に、お腹の中につくるようにしています。

これをすると、大宇宙全ての統合力が自分のお腹の中から自分の内側の宇宙、外側の宇宙に全部広がっていって、人生全体がまるっきり変わります。新しい波動ポイントが自分の中でできて、その人生が顕現してくるようになります。

2 ❖ 宇宙の見えない力と一体化する
～この世の仕組み～

なぜ転生するの？　転生と魂について

分離が存在する意味

転生とは何か。魂があって、これが輪廻転生（生まれかわり）して、人になり、そしてまた魂に戻り、人になる。魂として、神様の世界にいる状態から、人間として地上に生まれ、また魂になりあちらの世界に帰り、また人になる。この転生を繰り返していきます。

なぜ転生するのか。人生は壮大なバーチャルゲームなのです。仮想現実（バーチャルリアリティ）です。まず高次元があってそこに親神様がいます。親神様が多くの人間の魂を創りました。この時点でバーチャルリアリティなのです。自分の分身をバーチャルゲームの主人公のようにたくさん創ったのです。これを分け御霊《みたま》といいます。

ものすごい数の魂（分身）を太古の昔に創りました。この魂がどんどん転生していく。何度も転生し、輪廻転生をしていきます。

そうやって古代からずっと転生してきているのですが、その前の時代からの転生を入れると回数はさらに増えます。一番最近の魂は20万年ぐらい前に生まれた魂が多いのですが、その若い魂の場合で、100〜200回は転生しているのではというのが私の見立てです。もっと少ないという説もあります。

転生は全部バーチャルリアリティです。親神様が自分の分身としていくつもの魂を創ってはバーチャルリアリティを楽しみながらゲームをして、その魂がまた何度も転生し続けながらバーチャルゲームをくり返しています。バーチャルリアリティが現実のように見える投影世界なのですから、実は投影されている元のデータを変更すれば、映画「マトリックス」のように、見ている自分の体感する現実が全て変わるのです。自分の現実を変えようと思ったら、見えない世界にあるデータのほうを変更する。そうすると投影される自分の現実が全て変わります。

なぜバーチャルにするかというと、親神様のいる高次元の空間は永遠だからです。ずっとそのまま永遠に時間軸がない世界で、永遠の今がずっと連続しているのでおもしろくありません。統合された世界ではありますが、分離が必要だと親神様が気づいたのです。

分離して、たくさんの違う自分を創り出してバーチャルリアリティを体感することで、体験に深みが出て進化（エボリューション）します。

親神様の個性、魂がいろいろな魂に分身することで、いろいろな性格の個性を持った魂、人間になるもとの魂に分かれ、それが人間になって転生をしていくことで、地球の歴史の中でこれだけ人間が増えてしまったのです。

親神様は人間が亡くなった後、その分身を地球に送り出します。徳川家康の分身や、豊臣秀吉の分身、クレオパトラの分身など、いろいろな歴史上の有名な人の分身を何百も送り出しているのです。結果的に太陽系の中が分身だらけになって、今、太陽系にある100億の魂のうち、だいたい80億近くが地上に生まれてきています。

圧倒的に太陽系の魂のストックが出てしまっています。あの世にある魂のストックから地上のバーチャルリアリティの転生を楽しみたくて多くの魂が出てきているのです。この激動する地球の歴史、文化を3次元で体感したくて、実に全体の5分の4ぐらいの太陽系の魂が今、地球に生まれてきています。

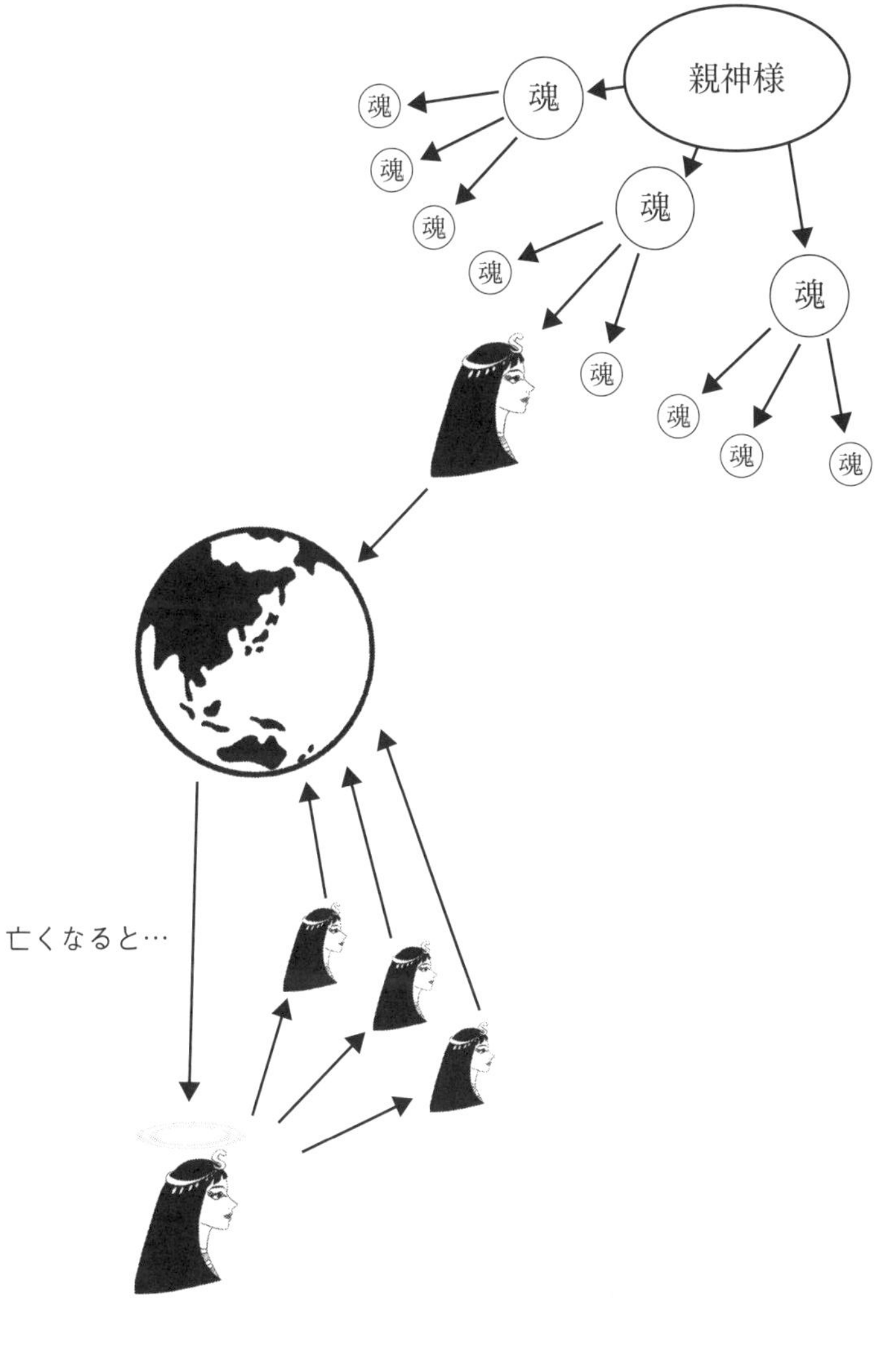
親神様
魂
魂
魂
魂
魂
魂
魂
魂
魂
魂
魂
魂
魂
亡くなると…

3次元のリアリティというのはものすごく強いようです。3次元は分離なので、これを楽しむことで魂が大きく進化するのです。人間の魂は、違うものと出会い、異質（分離感）を感じることによって進化するようにプログラムが組まれています。違う波動の人、違う神様の分身の生まれの人、違う国の人、違う生活環境の人、この世は異質な人だらけです。その異質なものと全く違う自分は何なのかと自分を見つめ始めます。**周りとは全く違うという分離感を味わうことで、その異質の差を埋めようとして人間は進化していくように3次元のプログラムは組まれている**のです。

魂のままでは、永遠に今のままなので進化しません。自分と似たような人ばかりいるので、そこでは進化はありません。永遠の楽しみはありますが、進化はしないのです。

パラレルワールドはデータ変更ができる

皆さんはバーチャルリアリティの中で今の人生を歩んでいますので、真剣に考えれば考えるほど、バーチャルリアリティの罠にはまります。バーチャルリアリティの罠とは、「現実は絶対で、変えられない」と思ってしまうことです。**現実は変えられます。現実は幾らでも変更可能です。**親神様のいる高次元（神の世界）にあるアカシックレコードや集合無意識のデータを変えることで、現実の自分のデータが変わります。

人間は脳の中に基盤データが入っていますが、人間の脳のシナプスの写真を撮ったら、銀河系の写真と同じだったことがわかっています。銀河の星々を写した写真と、人間の脳のシナプスを写した写真は非常に似ています。人間の脳内は銀河そのもので、人間の体は宇宙の凝縮体なのです。人間の身体の中は宇宙そのものの投射体なので、人間を変えようと思ったら、宇宙のもとのデータを変えれば変わります。そこにアクセスする方法もあります。

転生された自分の中の現実というのもバーチャルリアリティのデータなので、そのバーチャルリアリティのデータを変えれば違う体験をすることもできます。生きながらにしてパラレルワールドを移動することができます。自分が生きている世界は、並行世界といって、全部パラレルワールドなのです。並行世界とか並行宇宙といわれているいろいろなパラレルワールドを皆さんは生きているのです。

高次元のデータを変更すると、パラレルワールドの世界線が変わって、違う自分を愉《たの》しむことが可能です。現実は絶対ではなく限りなく相対なので、もっと柔軟に愉しむことができるのです。現実を愉しむのです。

バーチャルリアリティで出てきている自分という存在は、本来このデータを愉しむために、子どものときのような感情で生まれてきて、子どものときのような感情で生きて、子どものときのような感情で死ぬのです。この現実を思う存分、愉しむために魂は生まれてきているのですが、いろいろな現実のルールや社会の縛りなどに洗脳されて、愉しんで生きるという小さい頃の心は消えてしまいます。見えない世界から出てきたばかりの3歳の頃の自分の心は、30歳ぐらいになったら全部消えています。現実のルールに全部はめられて、非常につまらない、死んだような顔の大人になっています。

「あれ？　自分は何をやってきたのだろう？」と、60歳を超えて仕事を引退してから気づく人も最近、増えてきています。年をとってから気づくよりも、今、この瞬間、私の言葉を受け取ってくださっている方が何歳でも構わないのですが、「人生を愉しむ」、これを思い出してほしいのです。

全てバーチャルリアリティなので、今の自分の置かれた環境に関係なく、「**私は今の人生をフルに100%無限大、愉しみ尽くします。そのようなデータを自分は歩みます**」と決めてほしいのです。決めてしまったら、そういう風に異世界の方のデータが変わって「100%無限大に愉しむ人生を歩む」というパラレルワールドに自分がワープします。今とは違う世界線に移ります。100%無限大に愉しむんだ、それはすばらしいことなんだという自分に、その場でなってしまいます。

本当に意識したら、本当にそうなると決めたら、そうなります。これを「決定《けつじょう》」するといいます。心の中で、肚の中で本当に決めたら、自分の世界線は変わります。体験できる人生が変わります。

3次元では過去、現在、未来と時間軸がありますが、それを超えて、完全に愉しんですばらしい人生を生きて、人生を究極的に充実させ続けると決めたら、本当にすばらしい人生にバージョンアップし、そういうバーチャルリアリティの転生の中で自分の世界線を充実させていくことができます。

今、現実どんな状況でも、意識一つで決めてしまえば違う人生にワープします。決めるだけでパラレルが変更します。見ている現実が変わります。体験する現実が変わります。違う人生を今、生きながらにして生き直しできます。

転生という視点から魂の話をしましたが、現実を変えたければ一度死んで生き直さなくても、バーチャルリアリティなので幾らでも変更可能なのです。そういう風になるには、自分の意志（決意）をしっかり決める、決定《けつじょう》することで、パラレルワールドに影響を与えることです。自分が実際どのように生きるか、決めたとおりにバーチャルゲームのパラレルワールドが展開して、その世界を得ることができます。

ストックされた魂の5分の4が今、地球に生まれてきているということは、激動の変化や分離を太陽系の魂はみんな体験したいということなのです。地球はそういった意味では、すごくハードな星です。闇落ちといって、闇の世界にのまれて転生がストップしてしまう、事故のような状態にも十分なり得る、非常に危険なバーチャルリアリティを体感できる世界として有名です。地球に転生することはリスクが一番高いのです。

遊園地でいうと、一番愉しい絶叫系のマシンです。地球に転生するのは、ものすごく危険度も高いのですが、すごく愉しいし、大きく進化できます。

皆さんも地球に転生し、バーチャルリアリティの世界をご覧になられているのですから、ぜひ決意（決定）をレベルアップさせて、より高い感動と喜びを伴うパラレルワールドをご自身で想像し創造されて、歩んでいかれてはと思います。

輪廻転生の先に何があるのか

神界に大霊という、人間の魂の大もとのボスのような存在があります。ハイヤーセルフともいいます。ここから魂の子どもがたくさん生まれます。どんどん人間になって、現実の世界におりてくる。人間化していきます。これが分け御霊です。

皆さんは人間としての人生を何度も何度も何度も歩んでいきます。多かったり、少なかったり回数はまちまちですが、人としてのさまざまな人生を歩んでいきます。

いろいろな経験をしていって、最後に輪廻の輪を離脱します。そうするとその魂はどうなるのかというと、もとの神界に戻っていきます。何百回、何千回、何万回生まれ変わって離脱すると、神界に戻ってきてその魂は上がり、一抜けたと、輪廻の輪を抜けます。魂は解脱して上がりになると、神様の位をもらって、神様になります。これが一つの人のゴールであり、輪廻のゴールです。そしてここに至り解脱《げだつ》するための気づきが悟りです。

よく悟りを開いたといいますが、大体、ほぼ本当の悟りではありません。本当に悟りを開いたら、本当に解脱したら、この輪廻の輪を抜けて神様の世界に行き、神上りして転生がストップしているのですが、本当に悟りを得ている人は少ないのです。

一度は悟りを開いて、その後また元に戻ったという人が多いのですが、それは本当の解脱、本当の気づき、悟りではありません。中途半端な悟りや気づきで、達するべき境地の手前までしか行っていないのです。その手前の悟りをしただけで、悟りのような解脱のような状態になって、それでもう解脱した、悟りを得たと思ってしまっている人が大半です。

生きたまま本当の解脱や悟りをしたら、魂は神様の世界に戻って神の位を得て、もうほとんど人間ではないような状態になって戻ってきます。そういう人は、人ではなくて人の形をした神様（神人）になって社会的にものすごく働いていきます。この本当の解脱を得て神の世界に行き戻ってきた神人というのは、生きながらにして神になった人なので、そういう人は自由自在に社会や世の中にアプローチしていって、天才的な働きをしていくことができます。

そんな神人のなかには、死後、神様として祀られる人もいます。菅原道真《すがわらのみちざね》などは亡くなった後、神様になっています。

神の位をもらって神様になり、今、普通に日本で生きていながら神様としての働きをしている人も、数は少ないですが存在しています。それが本当の人として生きるべき最終的な状態です。そこに至るために何度も輪廻しているわけですが、何もわからないままずっと輪廻をしているだけの人間が世の中の大半を占めています。

輪廻の輪を生きながらにして解脱し、気づきを得て、本当の悟りを得て、魂が一旦、神界に行き、そこから神の位をもらって戻ってきて、神人として、この世ならざる人としての足跡を残していく。これが本来の人間の輪廻の中では最上級の在り方であり、人間の目指すべき精神修養の究極の状態ですが、通常は、亡くなってからもまた人として生まれ変わる輪廻の輪をくぐっていきます。そうではなく本当の解脱、本当の気づき、本当の悟りを得て、生きながらにして神の位を得て生きていくというプロセスに入りたいという人をあなたは支援しなさいと私は神界のハイヤーセルフに言われていますので、そうしています。

神の位を得ていくために、生きているうちにやるべきこと

鎮魂・瞑想・全託・洗心について　～次の自分にシフトしよう～

鎮魂、瞑想、全託、洗心という四つの概念についてお話ししようと思います。

まず鎮魂です。魂を鎮め、本来の状態に還元することを鎮魂といいます。古神道でも、魂を鎮める鎮魂という概念の基本がありますが、目をあけたまま一つの対象をじっと見て、魂を鎮めて本来の状態にする。鎮魂行法というのは他にもいろいろなやり方があるのですが、まず大事なのが鎮魂です。

次に瞑想です。これは脳波を調整して、宇宙意識と繋がる方法です。目をつぶって脳波を鎮めていき、呼吸を整えて大宇宙の意識（宇宙意識）に意識を合わせて、脳波を宇宙と繋がった状態にして、宇宙波動をいただいて、自分の脳波や身体のバイブレーションを調整するのが瞑想です。

次に全託です。これは自分の自我を宇宙に明け渡す、リリースして無我になる。「自分の全てを宇宙意識に明け渡します。ですから私をどうかお使いください」と、自我を手放すプロセスとして全てを明け渡しなさいと、古くからいろいろな宗教や道の導師が言っていることが全託です。

自我があって、自分のエゴがあって、それに基づいて人間は判断して、利害関係を考えて行動していきます。そういったものを全て手放して、宇宙意識の判断、大いなる魂の大もとのほうの判断にお委ねし、自分の抱えている意識を手放しますというのが全託です。

最後に、洗心です。心（内面）をクリアリングして、清浄化された状態にします。心が洗われましたとよく言いますが、自分の魂や心（内面）が洗われた状態、神道や古神道でいうお祓いをしてクリアリングし、清々しい内面になることで、一番幸福な周波数と同調して、その幸福な状態が持続していくというのが洗心という概念です。

スピリチュアルの道においては鎮魂からやっていくのですが、鎮魂、瞑想、全託、洗心、この四つが一つの流れとして、精神や魂、道をおさめる在り方として古くから言われているものです。この四つのプロセスを経ることによって、魂の状態をよりベストな調和の取れたものにすることが精神修養において最も重要で大切です。

それぞれに専門家がいます。鎮魂の専門家、瞑想の専門家、全託の専門家、洗心の専門家がいますが、これを一つ一つ自分なりに追求していって、魂を鎮める、瞑想して脳波を宇宙意識に繋いでいく、全託して自分の自我（エゴ）を宇宙に明け渡し、無我になる、洗心して最後に心（内面）、魂を全部クリアリングして、清浄化された清々しい状態にして終わるということをしてみてください。

鎮魂、瞑想、全託、洗心を一つの流れとして、どういうふうにしたら自分が一番いい状態になるかをご自身で研究されてみると、本来の自分の潜在意識、魂に繋がって、宇宙の波動と同調して、清々しい状態になっていきます。自分のエゴを全て宇宙に明け渡し、宇宙の意識を受け取って、その意識で自動に生きていくようになります。これが**「宇宙からの自動化」**です。

宇宙と一体化して、宇宙からの意識、これを大我、もしくは真我といいますが、宇宙意識のほうの大我が入ってきて、自分の魂に接続し、その魂を通して宇宙が仕事をする。大いなる存在が自分を使ってくださる。その状態になると、自動的に全てのものがうまくいきます。

その状態になるためには、まず鎮魂し、瞑想し、全部委ねること。最後に心を清々しくして、宇宙が自分を使って、大きな働きを地上に為していくようになります。宇宙に自分を明け渡し、宇宙意識と一体化して宇宙の仕事を自分がさせていただく。これが謙虚な宇宙に明け渡した委ねた生き方です。これをまず形だけでも一通りやってみてください。

その奥をもっと学んでみたいと思われた方はそれを追求されていくと、清々しい幸福な内面で安定して、自分自身の自我（エゴ）を超越した生き方になります。宇宙の大いなる意識のほうから自分を使ってもらって、その大いなる意識が自分を通して仕事をして、足跡を残していくという新しい価値観と幸福感に基づいた生き方が、この3次元生活でできるようになっていきます。

意識が今の自分の周波数ではなく、新しい周波数にシフトして、その周波数で生きることになります。今までの自分の周波数や考え方ではない、宇宙レベルの周波数と考え方でやっていくことによって、今までの自分の器やキャパシティではできなかった、より大きなこと、より拡大したこと、よりすばらしい普遍的なこと、真理に基づいた行動が自然とできるようになります。カルマや自分が持っている重みを手放していく方向に、また、調和、宇宙の幸福波動と一体化して、本来の自分の魂のやるべきミッション、天命が自然にできるような方向に修正されていきます。

瞑想と呼吸法の基本　～霊性を覚醒させる呼吸法～

瞑想と呼吸の基本についてもう少し具体的にお伝えしていこうと思います。

普段、イライラしたりストレスがかかったりする中で、忙《せわ》しなく通勤したり、デスクワークをしたり、いろいろな仕事をしている方がいらっしゃると思います。とにかく仕事で、イライラしたり常に緊張し脳が萎縮《いしゅく》して、神経が萎縮している。萎縮すると緊張感で人間の神経系や脳に圧がかかります。「緩む」の逆です。緊張でとてもかたくなります。血流が悪くなり、呼吸が浅くなり、ものすごくイライラしていたら、さらにイライラし出すという悪循環になりやすいのです。

これを防ぐ方法が瞑想であり、呼吸であり、鎮魂です。欧米の最先端企業でも、瞑想や呼吸法を取り入れていますが、日本で言えば、古神道の鎮魂という方法に繋がっていくのが瞑想と呼吸です。これが基本です。

脳波をアルファ波からシータ波化する、これが瞑想と呼吸、鎮魂の大事なところです。ベータ波でイライラしている状態だと断絶が起きていて、宇宙やインスピレーションなど見えない世界と繋がらない。繋がらないからわからない。わからないから信じられない。そういった悪循環になっているのが一般的な世間の方向です。そことは違って、スピリチュアリズムでは脳波をベータ波からアルファ波、そしてシータ波化していきます。

今から数千年以上前の古代人の脳波は基本的にシータ波が6割になっていて、長く深い呼吸をしていました。そうすると宇宙の波動と共鳴し、自分の潜在能力のふたが開いて、見えない次元のものがわかるようになるのです。サイキック（超能力者）の脳波は基本がシータ波で6割を占めていると言われています。古代人はみんなサイキックなのです。

呼吸は、脳波の調整と宇宙とのシンクロを管理しています。そして、瞑想は呼吸から始まります。深く吸い、ゆっくり吐く。息長《おきなが》の法というのが古神道に伝わっていて、1分間に1呼吸します。30秒でゆっくり吐く。吐き切って、30秒で吸う。これで30秒×2、1分間1呼吸です。

鼻からゆっくり吸って、丹田に溜める。人間にはチャクラがありますが、眉間のアジナチャクラに集中して鼻から吸って、それを吐く息でへその、丹田にあるチャクラに落としていくのです。ゆっくりアジナに向かって30秒吸い、それをいっぱいに溜めた上で、30秒でお腹に落としながら、またゆっくり吐く。この1分1呼吸で、アジナチャクラ、丹田のチャクラに意識を集中させて、呼吸します。ゆっくり30秒で吸って、溜め切ったら、今度はゆっくり吐く。ゆっくり吸って、ゆっくり吐く。アジナ、丹田、アジナ、丹田で、ゆっくり吸って、ゆっくり吐く。

これを5分から10分くらい繰り返してやっていきますと、丹田に魂が鎮まって鎮魂

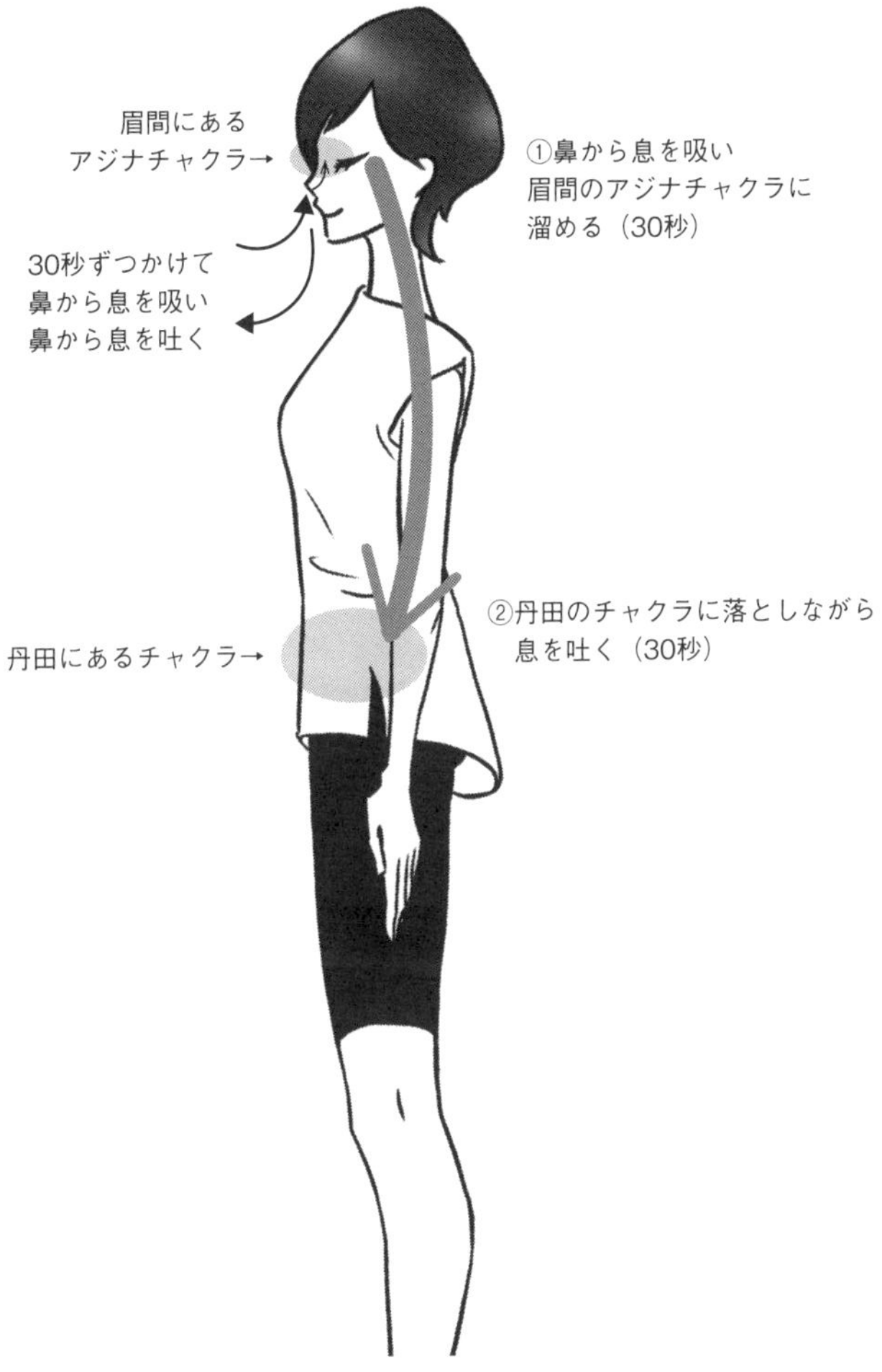
眉間にある
アジナチャクラ→
①鼻から息を吸い
眉間のアジナチャクラに
溜める（30秒）
30秒ずつかけて
鼻から息を吸い
鼻から息を吐く
②丹田のチャクラに落としながら
息を吐く（30秒）
丹田にあるチャクラ→

された状態になります。

鎮魂が大事です。魂が**霊的枢府《れいてきすうふ》に**鎮まる、丹田にあるチャクラにびしっと魂が鎮まる。これが鎮魂の一つの形態です。1分1呼吸で、吸って吐いて、吸って吐いて、魂が霊的枢府の丹田のチャクラにグッと鎮まった状態、これが肚が入るという状態です。

日本語には「腹」という漢字がありますが、鎮魂された状態のお腹のことを「肚」と書きます。肚が入った状態というのが霊的枢府に魂が鎮まった鎮魂された状態です。こうなるための呼吸法をしっかりやることで、脳波がアルファ波からシータ波化して、その結果、鎮魂された状態で、人間の持っている潜在意識の扉が開くのです。この本の後半でも改めてご紹介します。

超越した人になるのに一番早いのが呼吸法を通して瞑想、鎮魂することです。鎮魂された結果、人間の持っている潜在能力が全て解放されて開きます。人間は潜在能力を秘めていて、ものすごい力がありますが、それが完全に開かれます。宇宙のエネルギーが膨大に入ってきます。

宇宙波動はシータ波ですが、人間の脳波も、息長の法をしていくとシータ波になってきます。地球の持っている周波数は7・8ヘルツで、宇宙の周波数は7・5ヘルツです。脳波が7・8ヘルツ、7・5ヘルツになり、シータ波が6割を占めるようになったとき、宇宙のエネルギーと合体します。地球の波動、宇宙の波動と一体化するので、サイキック能力が目覚めてきます。霊能的な力を開くための基本ですが、これは古代人の呼吸を使えば誰でもできます。自分の持っている力、潜在意識がどんどん目覚めてくるということです。

そうすると人間が持っている人としての力量を頭一つ、二つ、三つさらに超えたことが簡単にできるようになるので、瞑想と呼吸と鎮魂の一つの流れというのは、潜在能力を開く奥義の基本のようなものです。

瞑想と呼吸の基本は全てに通じるものです。日本には、華道、茶道、弓道、武道、神道、古神道といろいろな道がありますが、この「道」というものは必ず呼吸を整えます。呼吸と所作、在り方、行い方を整えて調和させていくことで道は極まっていきます。それはまさに脳波をアルファ波からシータ波化して宇宙と繋がって、潜在能力を開く在り方とそっくりなので、何か道を究めようとしていた日本人の方には馴染《なじ》みやすいはずです。

浅い呼吸で生きる人と、深い呼吸で生きる人では、生き方が全く違います。展開されてくる人生、パラレルワールドが全く変わってしまうので、自分の呼吸に注意してください。

「潜在的な霊性、神性の目覚め、覚醒が起こり続ける」。これで終わりではないのです。**呼吸法をどんどん極めていくことによって、霊的な覚醒が続いていき、見えない世界と繋がって、新しい人生が開いていきます。**一連の覚醒作業というものは繋がっていくのです。

呼吸を全く無視して70年、80年、90年の人生を生きることもできますが、1分1呼吸を重視して、暇があればゆっくり30秒で吸って、ゆっくり30秒で吐く息長の法をなるべく意識的に毎日毎日するように癖づけしていくだけで、自然に脳波が変化していきます。そうしたら完全なニュータイプとしての覚醒が起きてきます。

覚醒したいと言っていてもできない人は、呼吸が全くできていないのです。そういう人を私は何人も見てきました。目覚めたい、自分の潜在能力を開きたい、霊的に覚醒したいという人は、絶対に呼吸に注意してください。それしか方法はないと言っても過言ではないほどです。

現代人の呼吸がいかに浅いか。呼吸を深くしていくことが、本当の潜在的な霊性、神性、潜在能力の目覚め、覚醒に繋がっていくための入り口になります。

3 ❖ 現実世界での幸せを手にする
～望む世界へワープするためのワーク～

心の座標軸を決めて天命を生きる

十字の座標軸があります。縦軸がto be（在る）、横軸がto do（活かす）です。縦軸と横軸がクロスするところが、今ここ私の意志・意識です。

to be（在る）は、在り方です。天・宇宙から繋がっている1本のあり方、to beのただある在り方というのがあります。横軸は現実のラインで、to do（活かす）、これは生き方です。どのようにこの世で生きていくか。在り方と生き方がクロスするところに今ここがあって、今ここの私の意志と意識があります。

自分の今の在り方があって、自分の今の生き方があって、縦と横がクロスする今ここ、この瞬間に、私の意識がある。これが心の座標軸です。在り方、生き方、今ここ私の意志・意識、これがあって宇宙が動き出します。

在り方、生き方、今ここ私の意志・意識、この3点がそろって初めて宇宙が内側に生まれます。それが投影して外側の宇宙になります。**自分が見ている景色は、自分の在り方、生き方、今ここ私の3点がそろった自分の内側の宇宙で見えているものが、そのまま外側の世界に投影されているものなのです。**

内側の宇宙が動き出す。それを見ているわけですから、例えば、自分の在り方、生き方が不調和で、今ここ私の意志と意識がブレていたら、自分の内側の宇宙はガタガタで、目も当てられなくなります。それがそのまま外側の宇宙に投影されるので、自分の見ている現実も目も当てられないものになります。

外側の宇宙が乱れている人は、それ以

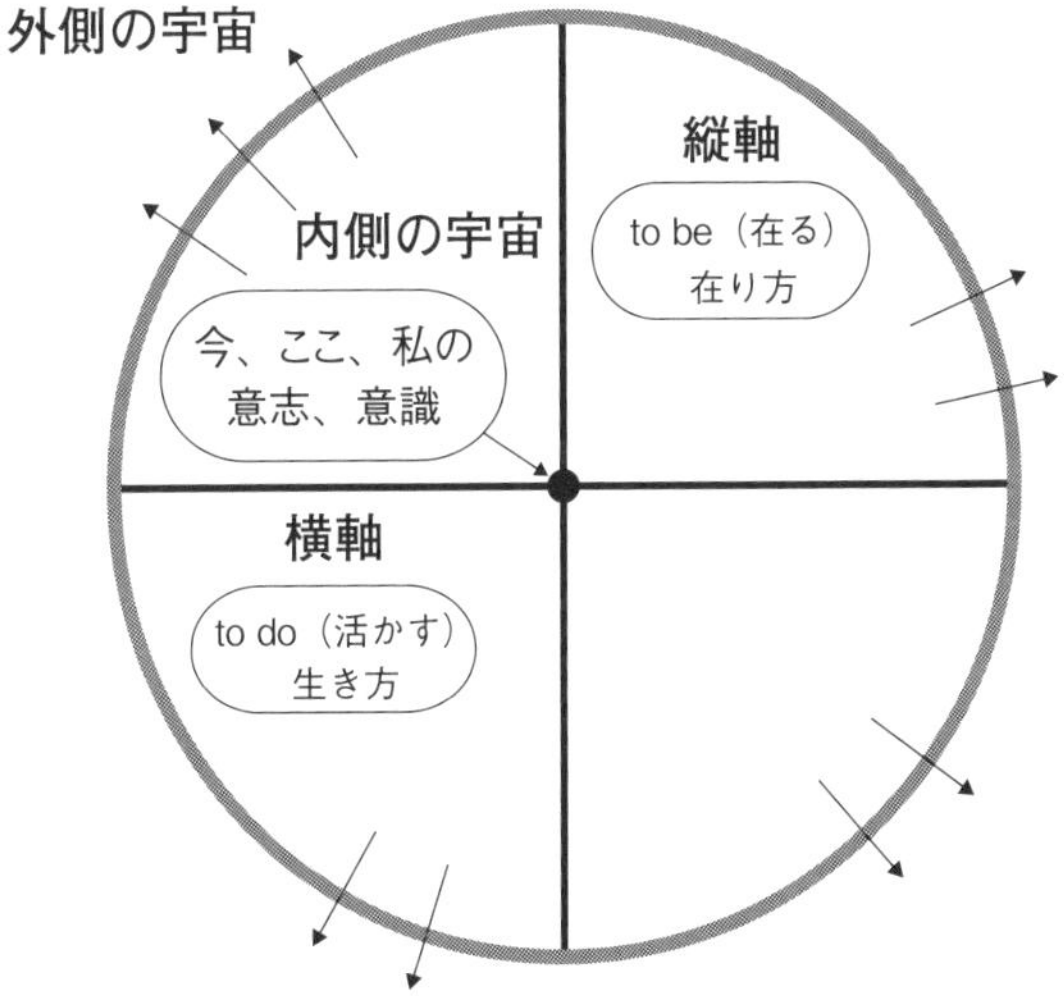

前に内側の宇宙が乱れているのです。内側の宇宙の在り方、生き方、今ここ私の意志・意識が整って調和していれば、自分の内側の宇宙空間は整っています。そうしたら、見る現実も整います。

常に外側に投影された世界を見ようとしますが、そうではなくて、内側の宇宙の在り方、生き方、今ここ私の意志・意識を、いかに整えて調和するか。そこだけです。内側の宇宙を整えれば、外側に投影される全ての宇宙も整います。整った現実しか見なくなります。これが人生の調和度を上げていく、幸福度を上げていくということです。

これは心の座標軸なので、常に、今ここ私の意志・意識によって、在り方と生き方も変わりますし、内的宇宙と外的宇宙の調和度、統合度も変わってきます。常に揺れ動いています。今ここ私の意志・意識が一番しっくりくる在り方、生き方があるので、「私の心の座標軸が一番幸せになる状態に導いてください」と、自分の内側の神様と宇宙にお願いするのです。そうすると「わかった。じゃ、一番しっくりして調和する方向におまえの心の座標軸を導こう」となって、「私はこれを生きる。このように成す。このような人として物事を行い、生きていく。人生を進めていく」という、完全に腑に落ちる自分の意志と意識を持てます。「これでいこう。これを成そう。こういうふうにクリアしていこう」と肚が据わります。

肚が据わったら、在り方、生き方が全て最適化されます。内側の宇宙が最適化されます。内側の宇宙が完全に調和した状態で、外側の宇宙（現実）を見ると、全てが投影されてうまくいく。内的宇宙、外的宇宙が統合します。完全に調和して、幸福度が無限大になります。

自分の心の座標軸を、最適な在り方、生き方、状態に導いてください。「**今ここ私の意志・意識が一番納得する形に整えて、調整してください**」と、内側の自分の魂、神様、宇宙にお願いして、探っていくのです。私も探っています。自分の内側の魂と神様と宇宙が一番納得する形に心の座標軸がおさまりますようにと、いつも思っています。

心の座標軸は毎日変わっていくので、毎朝、きちんと調整していくことが大事です。また、週単位で整えたり、1カ月単位で整えたり、1年で整えたりもします。1年は元日にやったり、年度初めにやったりしますが、そういった調整をして整えていくという意識が非常に大事です。

節目節目にやるのも大事ですが、それよりも私は毎日、朝起きたときに、「**自分が今日、最も幸せになるように心の座標軸をおさめてください**」と内側の宇宙、神様、魂にお願いしています。心の座標軸は毎日動いていくので、一番いい状態に毎朝調整して、心と魂がスポッとはまったところで1日を展開する。これを毎日毎日やっています。

いちばん納得する形におさめてもらうと、「今日はこういうふうに生きよう」という今ここ私の意志・意識が生まれて、調和が生まれて、最適なあり方、生き方が決まる。自分の中の内側の宇宙が最もいい形に最適化されて調和し、幸福と繁栄に導いてくれるので、毎日、毎週、毎月、毎年の自分の調整法を、自分なりにつかんで生活に活かし、活用してください。

物事を具現化させるコツ

まず、自分自身＝宇宙です。宇宙全体というのは、大宇宙と小宇宙があります。大宇宙は自分の外側の世界です。自分の内側の世界にも小宇宙（コスモ）が広がっています。小宇宙と大宇宙をいかにリンクさせていくか。自分の中の小宇宙と、それより大きな大宇宙が一つになると、自分の潜在意識、超意識、見えざる部分のふたが開いて、宇宙の巨大な力を自分自身の中にアップデートして、自分の想像をはるかに超えた能力とか奇跡を意図的に起こせるようになります。

それがこれからの時代に必要な新しい種類の人間です。

自分＝宇宙ですから、自分に許可を出すということは、自分の中の宇宙に許可を出すことと同じです。自分の中の小宇宙に許可を出すというのは現実化するための前提として必須となる条件です。自分に許可を出すというのは、宇宙ゲート（無限パワー）の解放です。自分の中の小宇宙に許可を出したら、大宇宙のゲートが開きます。そして自分の小宇宙の中に巨大な宇宙パワーが入ってきます。

これが自分に許可を出してゲートを開く第一歩です。それに加えて、実現を確信し、肚に落とす。この二つが物事を具現化させる鍵です。

自分に許可を出す。宇宙ゲート、パワーを解放し、〇〇してもいいんだよと許可を

出して、そしてそれが必ず実現されると確信して、肚（丹田）に落とす。自分の意識のベースに落とすということです。落としたら、それは間違いなく具現化します。

これをネガティブにやってしまっている人が日本人には多いです。自分が望んでいないよくない状態であることを自分に許可して、その自分の実現を確信して肚に落としているから、持っている力を全く出せません。日本人の場合、そういう形でネガティブに使っている達人のほうが恐らく目立つはずです。自虐的な洗脳が国民全体に日本人には入っているので、「自分なんて大したことないんです」という口癖の人が非常に多いです。

そうではなくて、頭がおかしいのではと自分で思ってしまうほどに「自分はなんてすばらしいんだ」と、自分のすばらしさ、よさ、突き抜けた部分をちゃんと自覚する。それが自分にはある、自分は持っている、自分は使えると許可して、その実現を確信して肚に落とす。もう、あって当たり前というふうにして、グラウンディングして、お腹の底に落としてしまえば、それが大地に繋がって、自分の内側の宇宙と外側の宇宙が完全にシンクロし、大宇宙パワー（無限のパワー）が自分の中から出てきます。すなわち、奇跡を意図的に創れるということです。

一番のポイントは、肚に落とすことです。肚落ちしたことは、必ず成るのです。自分自身に許可と確信を出せば、肚＝潜在意識・超意識が動き、全ては可能になる。

自分の内側の宇宙（小宇宙）と外側の宇宙（大宇宙）は、普通、分離しています。認識もしないでそのまま流れています。でも、ここで自分の中の小宇宙を全部開こうという意図が必要だとわかったならば、自分が持っている無限大の宇宙のパワーを出して、外側の大きな宇宙とまずシンクロさせようと思う。自分は無限の意識と力を持ち、それを自分の天命（ミッション）に基づいて解き放つのだと思ったら、それを自分自身で許可し、確信し、肚に落とし、当たり前という感じで手放して宇宙に委ねる。そうすると小宇宙から大宇宙にゲートが開いて、大宇宙のほうからそれを可能にする力が全て自分自身の全身、お腹に入ってグラウンディングして、現実化の鍵が開きます。

自分に許可を出して、実現を確信して肚に落として宇宙に委ねたら、自動的に現実化していく。これが物事を具現化させる流れです。実現がものすごいスピードで訪れます。

寝る前に、自分の魂の設定を変えるには？　設定と発霊発動

見えない世界と見える世界があります。皆さんは見える世界に住んでいて、寝ている間は、夢で見えない世界に行っています。

寝ているときに見えない世界に5時間から8時間ぐらいいて、その間に、起きて見える世界にいたときの情報を整理統合してバグなどをなくし、いい状態にしてまた起きてくる。毎日毎日生まれかわっているのです。朝起きて1日が始まり、夜寝るときにその1日が終わり、見える世界と見えない世界がグルグル回っている。これが人間としての数十年なり100年の人生です。毎日毎日、1年365日×100年、見える世界と見えない世界を循環しています。

寝ている間、見えない世界にいる間に人生はつくられています。寝ている間に夢を見たりして、あるいは神様と相談したりして、自分が見る世界の構築をしています。

「私の人生はこうなります」という自分が体験する世界の設定を、無意識の世界で魂がしているのです。

正夢を見ることがあると思います。現実が夢で見たとおりになる。それは見えない世界で、そうなるように設定されているからです。生まれる前から設定しています。その年齢になったときに、確実に何年何月何日にそうなるようにと、自分が体験する世界として、過去世から生まれ変わる前の中間世で設定した情報があるのです。その情報がちゃんと起動して、その体験ができる世界に設定されるように、寝ているときに毎日調整されています。

見える世界は結果の世界です。見えない世界が原因の世界です。原因と結果の法則というのがありますが、ここにもその法則は当てはまります。結果の見えるこの世の中でだけ何かを変えようとしても、ほとんど意味はないのです。見えない原因のほうの世界のデータを変えたほうが現実の見える世界は変わります。

寝ている間に何かしようとしても、無意識の世界に行っているのでコントロールは難しいと思いますが、寝る寸前に設定をすることで、自分の魂を発霊発動させて、見える世界の現実をガラッと変えることができます。

私がお勧めしているのは、後ほど「潜在能力の開き方」のワークでさらに詳しくお伝えしますが、寝る30分前に、自分が体験したいことと、クリアしたいことを祈るという方法です。しっかり祈ってください。「私はこういう体験をしたい」「私はこれをクリアして、到達したい」。そういったことをできるだけ具体的に誓い、もう到達し、クリアした、体験したというふうにして、自分で決めます。そして、もうでき上がったものとして最後はお任せして、そのまま寝るのです。そうしたら、祈った内容で、そのままその人の世界が設定されます。あなたの中の見えない世界（あの世以上の世界）で祈った内容がちゃんと設定されます。世界の再構築が行われて、原因ができます。魂が発霊し発動します。魂が発霊し発動した状態で現実の自分が変わります。そして結果が見える世界に出てきて、その結果を受け取ることになります。

見えない世界をいかに変えていくかで、見える世界を変える。世の中の標準の考えだと、見える世界の結果にばかり3次元でアプローチします。そうではなくて、寝る前に見えない世界にアクセスし、世界を再設定して原因をつくり、その原因に基づいて魂が動いて、見えない世界の結果を見える世界で受け取る。

あくまでも結果を受け取るだけなので、見える世界はそのままでいいのです。常に最適化されます。毎日寝る前に、実現し、体験したいことをきちんと見えない世界に発信して、それを起きている世界で受け取るという一連の流れを人生の中で身につければ、見える世界をどうこうしようとしなくても全く人生の質が違ってきます。体験することが違ってきます。結果として受け取るものが雲泥の差になる。人生の密度が濃くなり、到達レベルが上がり、宇宙と共鳴し振動する幸福度の高い人生になります。

雲泥の差が出る、成功成就の流れに乗る方法

物事には成功成就と成功不成就の2通りあります。何をもって成功とするかは、人によって定義が違うと思いますが、今は、自分がこれを成し遂げたいと思ったことがあり、それが成就することが成功であるという流れに沿って話すことにします。

物事の成就は決意（肚）の入り方によって左右されます。意識・意志の入り方、決

めぐあいによって物事の成就は大きく差が開きます。振動数の違いによりますが、肚（決意・意識・意志）にどの程度のエネルギーを入れるかで、物事がワープして、その現状に波動的に到達して、現実の形としても到達しているという流れになります。

よくあるのは、「なれたらいいいな」と漠然と考えていること。「なりたいな」「なれるかな？」と漠然と考えていても、結果は動きません。肚が入っていないからです。決意の意識・意志（肚）が入っていないから、現状は変わりません。

唯一変わると言えることは、自分が叶えたい、到達した現状に「なりつつある」「なった」「なっている」という意識です。「そうなりつつある」「そうなったんだ」「そうなっているんだ」と肚に決意の意識と意志が入ると、ワープが起きます。その人の波動レベルが変わって、急激に波動上昇します。波動がアップするので、ワープが起きて、その人の周波数帯が全く変わってしまいます。

意識と意志をもって決意するだけで、周波数帯が変わって、共振共鳴する成功した物事（到達した物事）の周波数帯領域になり、現実に到達していきます。

最初の段階でどういう決意（肚）を入れるかで、物事は全く変わります。成功成就の流れに乗るというのは、波動のライン、波動の流れに乗ることです。波動を意識と意志、決意、肚によって変えれば、波動レベルが変わり、周波数帯が変わって、現実に到達した意識波動も、到達した周波数帯になって「叶っている」になる。

いかに決意が大事かということです。決意一つで人生は大きく変わります。

成功者になりたいという人は大勢いますが、そうではなくて、「私は成功者になりつつある」「私は成功者になってワープしている」「どんどん成功している」「毎日成功者だ」。「なった」という意識でいると、その「なった」領域になって、実際なれます。

数カ月や1年などのタイムラグはありますが、周波数が具現化するまで、きっちり「なった」という意識を継続して、形にしていく。その自分の在り方が、自分が現実で受けられる体験、物事の流れの質を決めていきます。

あなたの魂がしたいことは何ですか？
成功人生にワープする意識波動の設定

ワーク① 肚の底からしたいことを50〜100個書く

人生はカオスです。自分にとっていいものや悪いもの、ダメージを受けるもの、幸せになるものが入り混じったカオス状態です。これは意識波動が設定されていない状態です。私は、波動を使ったコンサルティングやカウンセリングをしていますが、一番推奨している方法は、意識波動の設定をすることです。

人間はボディ、マインド、スピリットという三層になっていますが、スピリットの部分とマインドの部分の意識波動を特定の状態に設定します。自分がお腹の底からしたいことの波動状態に設定するのです。

簡単な方法は、書き出しワークです。自分が肚の底からしたいことを書き出す。それは本人の魂が持っているミッションで、魂の核の部分（コア）に入っています。ミッションの意識波動はこうだというのがコアに入っています。

それをマスターしてもらうために、肚の底からしたいことを50～100個ぐらい書いてもらいます。次から次に書いていくと、最後のほうで、自分の思考では全く捉え切れなかったことが、「これをやる」と自分の意識に出てきます。自分が魂の底から、肚の底からしたいことが明確化して、クリアになって、それをちゃんと文字で認識することによって、自分の潜在意識に意識波動が設定されます。

自分の潜在意識、見えない領域の意識の本体には、ナビゲーションシステムがあって、「〇〇に行きます」と言ったら、グーグルマップのように確実に最短距離で行く経路を出してくれて、自動で自分の人生を導いてくれます。頭であれこれ考えなくても、無意識で一番早く自分の魂が望んだ状態に行けるのです。

でもそれは、通常のカオスの状態では無理です。10個なり100個なりの引き出しを開けながら、自分が肚の底、魂の底からしたいと思っていることを書き出していって、最後のほうで幾つか出てくることが、頭ではない魂の底から本当にしたいことなのです。それを明確化することで、自分の人生が最短で、一番すばらしい方向にワープします。努力というよりも、努力の先にあるワープで、自分の本当にしたいことが明確化され、そこに向かって飛躍するような環境やチャンスや人の縁といった導き、見えない要素のバックアップが出てきます。意識波動を設定することが大事です。

皆さんも、自分が肚の底から何をしたいか、自分に問いかけて、50個なり100個なり書いていくと出てきます。人によっては、見た瞬間に涙が出てくるものが書けます。そのような感動するようなバイブレーション（波動）を持っているものこそ、自分の意識波動として魂が自覚してもらいたいことなのです。それは簡単にワークをするだけでも摑める人は摑めるので、ぜひ実践してみてください。

なぜ覚悟が人生の最適化に繋がるか？　～覚悟の法則～

ワーク②　肚決めリストをつくる

覚悟するとは、本当の意味で決めるということです。本当の意味で決めるというのは想像以上に深いものです。

覚悟には方程式があります。

「受容・許可×決意・決める＝覚悟」です。

まず受容して、決意して、覚悟する。許可でもあります。それが起きていいよと受容して、許可をする。そしてそれを必ずすると決意する、決める。それが覚悟です。自分の中でのある物事に対しての覚悟には、それを自分で受容し、許可したことと、決意し、決めたということが全て含まれています。

覚悟ができたということは、別の言葉で言うと、肚を決めたということです。「受容・許可」×「決意・決める」ができていれば、肚が決まったということになります。

肚が決まった方向に、必ず人生は最適化されます。逆に言えば、肚を決めていないことに関しては何もされません。何も変わらないのです。

何かをしたくても、何も変わらないと言っている人のお話を私は何度も聞いてきましたが、変わらないのは肚を決めていないからです。肚を決めたことは、必ず人生が最適化される過去の法則性で現実化します。肚を決めるというのは、本当の意味で覚悟ができている状態にすることです。そうしたら自動的に人生は最適化されて叶うのです。

自分の中で現実化したいことを、自分が本当に受容し、許可して、決意し、決めたなら、覚悟ができ、肚が決まっている。そうしたら自動的に人生は最適化され、それが叶う流れに乗ります。叶うジェットコースターに乗ります。これを覚悟の法則といいます。

何を覚悟するかを精査すれば、体験したいことを調整できます。現実化すると覚悟したこと、肚を決めていることを書き出してください。肚決めリストをつくってください。思っているだけでは忘れますから、パソコンのメモでも紙でも何でもいいので、肚を決めたことを言葉にして書き出して明確化しておくのです。私もスマートフォンのメモ帳に、10個ぐらい肚を決めたことを書き出して、肚決めリストをつくっていきます。最低10個、20個とかそれ以上でもいいです。30個、40個でもいいので、書いてください。

覚悟したことは現実化しますが、覚悟していないことは現実化しないので、覚悟していないことに関しては手放します。宇宙にお任せします。そして覚悟したこと、10個や20個書き出したことに関してもお任せします。そうすると宇宙が全てを調整して、肚決めリストに書いたことを必ずベストな結果に持っていってくれます。

覚悟の法則に則って、書き出したことも書いていないことも全て宇宙にお任せしながら、ベストな結果が出てくる流れに自分をいかに委ねられるか。宇宙の中心、宇宙意識、神意識、何でもいいのですが、大いなる宇宙のシステム、この生命を宇宙に創って動かしている大いなる意志に向かって、自分をいかにお任せしていくか。それが一瞬一瞬問われているので、どういうふうにして自分の人生に起きることをベストに持っていくかで最短で現実化されていきます。

日付を決めろ！　先に祝うことでなぜ潜在意識が劇的に変わるのか？

ワーク③　日付を決めて予祝する

過去、未来、現在という時間の流れがあります。現在の自分から見ると、過去は知っていますが、未来はわかりません。明日どういうことが起きるか、全て詳細がわかるという人はほとんどいません。超能力者はわかりますが、通常の一般社会人は、未来に起きることはわからないのです。

では、わからない中で起きてほしいことがあるときにはどうするか。未来は不確定要素なので、予《あらかじ》めお祝いしてしまうのです。これを予祝といいます。まだなっていないことを、「何年何月何日に〇〇が起きてうれしいな、ありがたいな、感謝します」と、予めお祝いする。先にでき上がったことにしてしまうのです。

そうすると不確定だった未来が確定します。突然、不確定要素が確定要素に変わるのです。お祝いされたから、運命が動くのです。何年何月何日に〇〇が起きてうれしい、ありがたい、感謝しますと与祝したら、それが実現したものとして未来に組み込まれて、不確定要素ではなくなります。「起こるかな?」ではなくて、「できた!」という感じになって、過去と未来が繋がります。

予め起きたものとして日付を決める。これは一種の極意です。

どうしても恋人と結婚したい女性がいたので、何年何月何日に入籍すると決めてもらいました。そうしたらその日付どおり入籍しました。なぜかというと、与祝したからです。決まってないことを、もうすでに決めたというふうにして、自分の中で勝手に、叶いました、バンザーイとお祝いする。潜在意識が勝手にお祝いしてしまうので、与祝したことになって未来が確定して、叶うのです。

これは絶対ではありません。100%ではありませんが、かなり高い確率で未来が確定の方向に動きます。手帳でもスマートフォンでもいいので、何年の何月何日にこれが起きてほしいなと思うことを、何項目でも何十項目でも、とにかく書いて与祝してください。そうしたらかなり高い確率でそのとおりに物事が発生します。不思議ですが発生するので、無制限に決めてください。

何でもいいのです。先ほど入籍の話をしましたが、経営者だったら「何年何月何日から、毎月の売上が3000万円ぐらいになりました」と決めてしまう。そうしたら、そのとおりになる未来の可能性は劇的に上がります。そこまでいかなくても、結構いい線までいったりします。

決めてしまうということが、未来の運命を確定させるための非常に重要な要素です。日付を決めることなのです。日付を決めて、「おめでとう」と自分でセルフ与祝すると、勝手に未来が確定して動いていきます。

そして、**それを自分に許可するという、自己承認が非常に大事**です。日本人は自己承認ではなく、自己卑下が強すぎます。特に女性の自己卑下が強く、それは昔から続いている悪い習慣、女性や社会的弱者に対する偏見、差別的なものが日本は強かったからですが、これからの時代は、全てがニュートラルになっていきます。障害があってもなくても、男性であっても女性であっても、全てが尊重される、ワンネス的な〇(丸)の社会になってきます。ピラミッドが崩壊して、全てが尊重される丸社会になってくるので、皆さんが自分の中で何年何月何日に起きるという呪文を最大限尊重したら未来が確定して、その方向に向かっていきます。

ぜひノートでもスマホでも、今年から3年か、長くても5年ぐらい、そんな先はわからないというのなら、今年だけでいいので、起きてほしいことを「何年何月何日に起きてうれしいな、ありがたいな、感謝します」と書いてください。時間まで書かなくてもいいのですが、起きたら嬉しいこと、ありがたいこと、感謝できるようなことを何項目も書くと、その方向に向かって運命が進んでいきます。

もし、それが要らなくなったら、×か線を引いて消してください。そして「要らなくなりました。ありがとう」と感謝して、手放してください。そうしたらその設定は消えます。捨てたい場合はそうやります。設定して、要らなくなったら捨てる。叶ったら感謝して、次に繋げる。こうやって繰り返していって、自分が本当に望んでいる方向に未来を確定させていきます。

自己承認を高めて、今ここの自分が本当に実現したいことを決めて、それを確実に形に出して体験して、それに感謝し、また次に繋いでいってください。

潜在能力の開き方

ワーク④　寝る前と起きたときの、決意、ビジュアライゼーション、アファメーション

潜在能力の簡単な開き方をお話しします。

人の魂があり、その外側に心があります。そのさらに外側が自我です。自我と呼ばれているものの意識の奥に心の部分があって、深層心理があって、その奥に魂があります。魂のほうに才能や神様から来たギフトのようなものが入っています。

自我の意識だけで生きていると、外側からの条件に対して反射するだけなので、深層心理から魂にあるギフト、才能というものが全く表に出てきません。潜在能力は開く必要があります。そのためには心の深い部分から魂にアクセスして、奥に入ってい

かないといけません。魂に入って、才能や能力を魂から出すということをします。
深層心理、超意識と言われている心の深い部分から魂に入るには、方法があります。
一つは決意、決めることです。決断です。それからアファメーション（宣言）です。
そしてビジュアライゼーション（視覚化）。見えるようにする、ということです。

①決意・決断
②アファメーション（宣言）
③ビジュアライゼーション（視覚化）

まず大事なことは、一番最初に自分がどうなりたいかを決意することです。自分がどう在りたいか、どういう心の状態でいたいかを決めてください。これが92ページでお話ししているto beの部分に当たります。

次に、それに基づいたアファメーションをし、そうなる、そうする、そう生きると宣言します。例えば、最初に豊かで在ることを決めたのなら、「私は豊かです」とアファメーションします。

そして、決意・決断したことが達成されたという状況をイメージして視覚化します。豊かである自分はどういう状況なのか。お金がたくさんあって、人が周りにたくさんいて、時間もたっぷりある、そんなイメージを視覚化します。

そうすると、周りの人のために役立っている自分が見えるかもしれません。そうしたら、自分は人の役に立つんだと、改めて決めてください。これが92ページでお話ししているto doの部分です。その時点で何ができるか、そのためにどうするか、その能力はあるのかと考える必要はありません。「私は人の役に立っています」とアファメーションしてください。

決めたことが自分の心の奥底からの望みであればあるほど、決意が深ければ深いほど、魂の奥へと入っていくことができます。

そうすると、魂の深い部分に眠っていた才能や能力が開いてきます。本当にしたいことは魂が望んでいたことなので、元々、必要な才能や能力は設定されているのです。ですから、本当に望んでいる在り方を決意、決断し、アファメーションすることで、才能や能力は開くようになっています。自動で現実化する流れがすでに設定されています。

「自分は豊かである」という在り方と「人の役に立つ」という生き方、「すでにそうなっている」という今、ここ、私の意志、意識が整い、いつも人の役に立っていて、周りに豊かさが溢れているという現実が、そうしようとしなくても勝手に起こってきます。

決意・決断をしたら、それが成就した状態を言葉にしてアファメーションし、視覚化して、それがもうなっている、成就したと決める。決めることで、成就に必要な才能や能力が現れてきます。現れてくるのは潜在していた才能と能力です。決断・決意とビジュアライゼーションとアファメーションを一体化させることで、潜在していた才能と能力が表に出てきて、新しい自分に生まれ変わることができます。

決断・決意、ビジュアライゼーション、アファメーションはセットで毎日やります。私がお勧めしているのは、夜寝る前の30分と、朝起きた後の30分にやることです。これは黄金タイムといって、潜在意識が丸裸になっていると言われています。丸裸になっている潜在意識や超意識という、才能やギフトがある魂の部分に、直結でスパーンと入りやすい時間帯です。その時間にワークをやることによって、効果がてきめんにあらわれ、簡単に潜在意識の能力開花が行われていきます。

自分を自動的に特定の結果に誘導する方法

この方法を、才能の開花だけではなく、願いの実現に使うこともできます。

人間は何も考えずに生きていたら、まず潜在意識の自動誘導で9割の行動が決まります。

「では、潜在意識に特定の結果に誘導する何かを入れれば、必ず特定の結果が出るの？」と思われるかもしれませんが、実際、そのとおりなのです。

潜在意識に特定の結果を入れるにはどうしたらいいかというと、ポイントは2つ。暗示と音です。これができるのが、先ほどお伝えしたアファメーションです。

すなわち、アファメーションを使って、声の音で暗示を入れる。特定の何かの結果を出したい、特定の状況に自分を潜在意識的に自動で誘導したいんだったら、声（アファメーション）で誘導を入れるのが一番早いと私は思っています。

自分が何の結果を得たいのか、まず書き出して、明確化して、それを短い一文にまとめて、寝る前に唱えます。

例えば、「私はいついつまでにこれだけの資産を得る」「私はいついつまでに月収△

△円になる」「私はいついつまでに語学の××語をマスターする」「私はいついつまでにここに支店を出す」「私の会社の規模はいついつまでにこうなる」など、自分が心から、魂の底から、肚の底から望んでいることを、50文字以下の短い文章にまとめて、寝る前にブツブツつぶやいて、そのまま寝る。目が覚めた瞬間に、ブツブツ唱えながら起きる。これだけです。

これを毎日繰り返すと、とても短い期間で、自分の求めている情報の波動が音の暗示という形で確実に潜在意識に入って、潜在意識に目標が設定されます。そうすると自動的に、無意識9割レベルでその方向に強力に進化、進歩、発展します。それを私はワープと言っていますが、自分の内側から外側へ波動が投影されて、現実がガラッと変わるような出来事、環境自体が入れかわるようなことが起きてきます。

古くから21日間お祈りしなさいと言われています。3週間、続けてやることで何らかの結果が出ます。その次は3カ月、3年と、3の倍数でいくという法則性があるので、21日、3カ月、3年やっていってください。確実に結果が出てきます。これが結果が出る方法の一つの道しるべです。

望む現実にワープする方法とは？

自分が望んでいる状況と、今、自分がいる現実に差がある場合、望んでいる状況にワープすることができます。

今、自分がいる現実からそのまま時間軸を普通に過ごしたら、未来は、あまり変わりません。淡々と進んでいくだけです。少し波動を上げ、進歩させたら、少し状況がよくなって、望んだ状況に向かって少しよくなった未来が生まれてきます。そしてもうちょっとうまく波動を上昇させたら、その分、状況はよくなり、望む未来に近づきます。

波動をアップさせればさせるほど、本当の願望成就に近づくことができ、行けるところまで行くことができます。最終的に到達したいのは望んでいた未来の「完全な実現」です。

このまま何も変わらないで淡々と現実が進んでしまうのを、大抵の人は嫌がります。どうすれば望んでいた未来の完全実現に近づけるのか。普通は、いきなり実現させるのは無理なので、少しずつ波動を上げ、状況をよくしながら、長い時間をかけてついに実現まで行こうとします。けれども、かかる時間を短縮し、すぐに叶えてしまう方法があるのです。

少しだけ実現に近づいた現実が生まれるのか、完全な実現ができるのか。その差を生むのは、波動レベルの違いです。今と大して変わらない未来と、今とは完全に違う、完全な夢・希望が実現した、望む状況が１００％叶った未来というのは、対応している波動レベルが違います。波動レベルが圧倒的に違う未来にワープするには、それに合った波動レベルになればいいのです。

その具体的な方法としては、実現した状態をリアルに体感することです。

もう望みが叶った現実があるとしたら、今、いる、望みが叶っていない現実は、全然波動レベルが違います。

望みが実現した状態をリアルに体感し、波動レベルを変えるには、「もうこれが叶いました」という感覚に浸ることです。そして叶ったことを決める。

もうすでに叶っている感覚に完全に自分が入ってその感覚に浸り、「叶いました」ということを決めるのです。

完全に決めることが潜在意識レベルでできたら、肚の底まで決まります。潜在意識レベルで、肚の中から完全に肚落ちして決めてしまったら、現実がワープして、向こうから訪れてきます。自分が何も努力してなくても、波動レベルで決めただけで、完全に肚に入っただけで、全ての振動数、周波数が変わり、願望から実現した周波数帯と合致します。要するに、ワープして、その現実が自分の中に投影されます。

通常、時間をかけて、数年から十年かかってやるところを、ほとんど時差なく、数日から数週間で叶ってしまう。数時間から数週間で実現させることも可能なのです。

波動レベルを変える、実現した状態をリアルに体感するということは、その波動そのものになり、同化することです。同化してしまったら、未来のリアルが自分のところに訪れてきて、同化しようとします。未来のほうからワープしてきて波動レベルが共振し、潜在レベル（肚）に、望んだ現実の振動数が落とし込まれて、それそのものに変容するのです。

ワープする理屈を一回わかってしまえば、それを何度も繰り返して、どんなことでも実現して、叶えることができます。

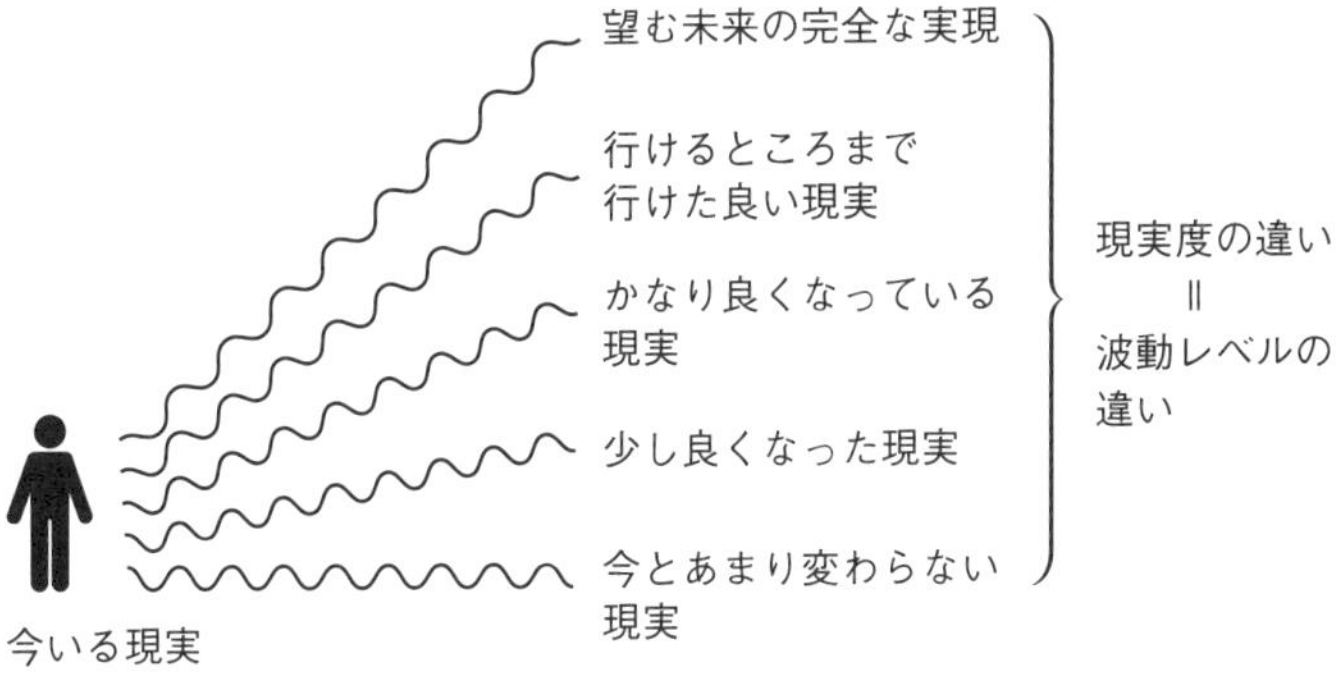
望む未来の完全な実現
行けるところまで
行けた良い現実
かなり良くなっている
現実
少し良くなった現実
今とあまり変わらない
現実
今いる現実
現実度の違い
＝
波動レベルの
違い

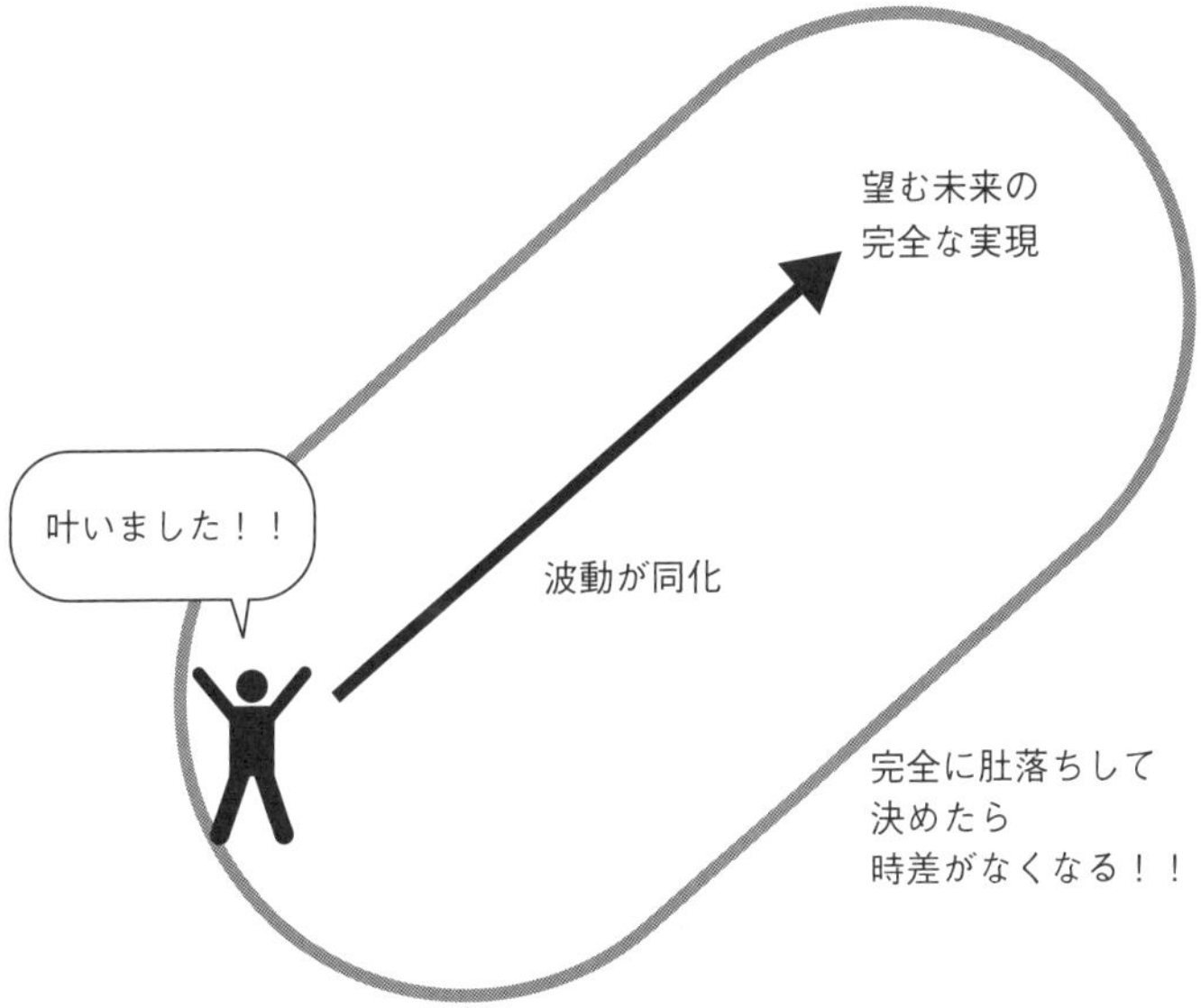
望む未来の
完全な実現
叶いました！！
波動が同化
完全に肚落ちして
決めたら
時差がなくなる！！

目標達成を早める意識の使い方とは？　意識をワープさせる方法

そして、さらに目標達成までの時間を早める方法があります。意識そのものをワープさせる方法です。

意識とは素粒子です。素粒子は点ですが、これが意識です。意識は点なのです。この点である意識が集まっていくと、形、エネルギーになります。素粒子である意識、点が集まってきた集合体が、エーテル（氣）になったり、物質になったりするのです。

我々は、魂と心と身体でできていますが、素粒子の集合体で魂も心も身体もできています。つまり人間は全て素粒子なのです。

例えば先ほどもお話しした映画の「マトリックス」だと、チョンチョンチョン……と、人間は全て粒々になって表現されています。これが実際です。皆さんには人間のように見えるはずですが、実際は違います。肉体は、肉眼では塊に見えますが、霊眼

（霊的な目）で見ると、素粒子の粒々に見えます。そして、この意識（素粒子）の点をワープさせることができるのです。

素粒子のほうのボディ（本質）、人としてのボディ・マインド・スピリットが「ワープしたい」と強く思うと、魂、霊体、エーテル、氣場の素粒子レベルのほうでも、連動して「ワープしたい」と同時に思っています。素粒子エネルギーと人としての意識は連動しているので、ワープしたいとボディ・マインド・スピリットが思ったら、それと全くシンクロして、素粒子レベルでもそう思っているので、これが結局、ワープしたという現実、ワープ完了という現実に持っていってくれます。

つまり、自分がいかに決めるかです。決めると、ワープ完了に向かいます。何をどこまでワープさせるか、いつまでにというのを決め、時空を限定する。これが非常に重要です。

例えば、今日の日付があります。このタイムラインで流れていき、1年後の今日までに達成したいことがあるとします。現実の地球の時間軸で1年の時空間があります。これは抗えない事実ですが、これをタイムラインに任せてただダラダラ流れてそこに行くのか。それも正しいのですが、ワープすることもできるのです。ただ流れないでワープする。スピーディに早める。どこまで早められるかはわかりませんが、1年後までに達成（クリア）しようとダラダラ流れているのをやめて、それを少しでも早めよう、達成しようとすることができます。

1年かかるはずだったのを、このタイミングで流されてダラダラ叶えるのではなく、例えば9カ月後、○月○日までに叶えるように自分の設定を早める。もっと飛ばすんだったら、6カ月後、○月○日までに叶えるようにする。1年かかるものを、短縮して9カ月、もっと短縮して6か月にする。かなり巻いていますよね。

6カ月まで縮めてしまうと、起きることも大分変わりますが、どれだけ早めるかは決意です。決めてしまうのです。

肚の底から決意して決める。へそ下3センチのところにある下丹田に意識を向けて、「私は○○年○○月○○日までにやろうと何となく決めていましたが、それを早めて、△△年△△月△△日までにやります。自分が何となく考えていたよりも3カ月、ないし6カ月早めてやります」と、肚の底から決意して、丹田に落としたら、その方向に素粒子が時空間を超えてワープして、実際に早く物事が達成するように、タイムラインの流れ、時間の流れが変わります。時空間の流れが変わって、起きる現象を前倒しでも、例えば後ろ倒しでも、自分が決めたように変えることができます。何となく決めた自分の人生を変えることができるのです。

いかに決意を肚の底からするか。決意してしまえば、自分の時間の流れが変わって、素粒子自体＝自分自体が、全く違う時空に行くので、早い段階でそれが叶う。時間軸を設定し、早回しすることでワープ完了することができます。

到達意識と問題意識を持って人生をワープさせるには？

さらにスムーズにワープを実現させるのに必要なのは、到達意識と問題意識です。到達意識とは何かというと、物事を到達させる意識です。自分はいついつまでに売上を上げるとか、ビジネスの規模をこうするとか、こういう自分に成長するとか、そういった到達意識を持つと、自分の中の意識の方向性（ベクトル）がしっかりして、そこに向かって一気に意識が超越する。そしてそういう現象が現実に起きてきます。

到達意識を持つことによって、ダラダラと何の到達意識もなく行動しているのに比べて、何倍も早く目標に到達したり、ワープしたり、事業計画を達成したりということが可能になってきます。

もう一つ、問題意識というのは、自分の中の何が今、ネックになっているのかを常に探すことです。内側に潜っていくわけです。瞑想とか、アファメーションも大事ですが、人から「〇〇さんってこうだよね」とよく言われることを書きとめておいて、自分の中に何か問題があるんじゃないか、ひっかかりがあるんじゃないかということを明らかにして、書き出しておく。そうすると、その問題は自分に何を教えているのか、少しずつ朧《おぼろ》げながらわかってきます。問題を書き出したことによって、自分の中の問題点、問題意識が明確化すると、それを自分の中で受容し、それを超えて、すばらしい自分になるにはどうしたらいいかというポイントが、あるときふと浮かびます。

問題意識を持ち、問題を書き出していって、そこから気づきを得るということをしてください。到達意識と問題意識、この二つを持つことによって、人間の意識の進化の回転が非常に速くなり、より加速がついて、人生がすごいスピードで進化成長するという結果になります。

見える世界が変わる‼ 意識レベルの頂点に行く変容ワープ基本法

これは時間の短縮とは少し違ったワープの方法です。

意識にはレベルがあります。4次元という世界は、6000×6000です。これは意識の層なので、この意識層のことを霊層といったりします。人間は、この6000×6000の霊層を学習しながら上がっていくのです。

例えばあるレベルに人がいても、霊層が違えば交流できません。高いところの意識の人が下に降りていくことはできますが、低いところの人が上にいる人と交流することはできません。

基本的に4次元のあの世の法則だと、高いところの人は下に降りられますが、低いところの人は上に上がれません。一つでも二つでも三つでも、上から下へは降りられるけれど、下から上には上がれないのです。だから一つでも段が上に上がると、見ているものが全く違います。景色が違う。情報が違う。6000×6000ですから、とてつもない大階層です。その中で、6000×6000の頂点にいる人は、全部の階層に行けますが、真ん中辺りだったら、そこから下しか行けないのです。上は行くこともできなければ、計り知ることもできないのです。

自分がどこの層に属しているか、そういうことは個人個人全部違うので、そこはあまり重要ではありません。重要なことは、6000×6000の意識レベルの頂点の状態に意識を合わせて、変容ワープしていくことです。その基本的なやり方が、意識レベルの変容ワープ基本法です。

自分が、今、いる階層よりも上に上がろうとしたら、方法は一つしかありません。それは宇宙の中心に意識を合わせて、宇宙の中心にお願いするのです。

「私を6000×6000の4次元意識層の頂点に一瞬で導いてください。全てをお

任せします」と伝えて、委ねます。そうすると、宇宙の意識層のほうから光が入ってきて、自分の今いる階層から、6000×6000の意識層の頂点に一瞬でポッとワープできます。

今、いるのが底辺であっても頂点に行けます。6000個ある中にさらに6000個階層があるのですが、今いるところがどの階層であっても、一瞬で頂点に行けます。

ワーク⑤　意識レベルの頂点に行く変容ワープ

まず、手をお腹の上で合わせて、左手が上で、右手が下になるように指を組みます。金剛合掌ではなくて、134ページの図のように組みます。お腹の上に手を置いて、目をつぶって唱えます。

「**宇宙の中心意識よ、私を6000×6000の4次元意識階層の頂点に一瞬でワープさせてください。全てをお任せいたします。よろしくお願いいたします**」

サレンダーして、感謝して、お任せしますという気持ちでお願いしてみてください。

サレンダーするという感覚はわかりにくいかもしれませんが、スッと軽くなる感覚があったら、導きが入っているということ。サレンダーできているということです。

これで、一瞬で6000×6000の頂点に行けます。光明に溢れた、まぶしい白い世界です。ただ真っ白で、ちょっとキンキラキンな光明で満ちています。こういう世界が4次元の6000×6000の霊層の頂点です。

そこに行くと、最高の内面的な状態、最高の幸せな状態が、内側のハートチャクラもしくは太陽神経叢《しんけいそう》の奥からフワーッと溢れてきて、何をしても全部幸福になって、何をしても全部大繁栄するように、自然に人生が全てシフトします。そして自分の中で闇と光が統合して、もっと大きな大局という光になって、人生全体がアセンションして、さらに上に上がっていけます。幸福な人生が自動

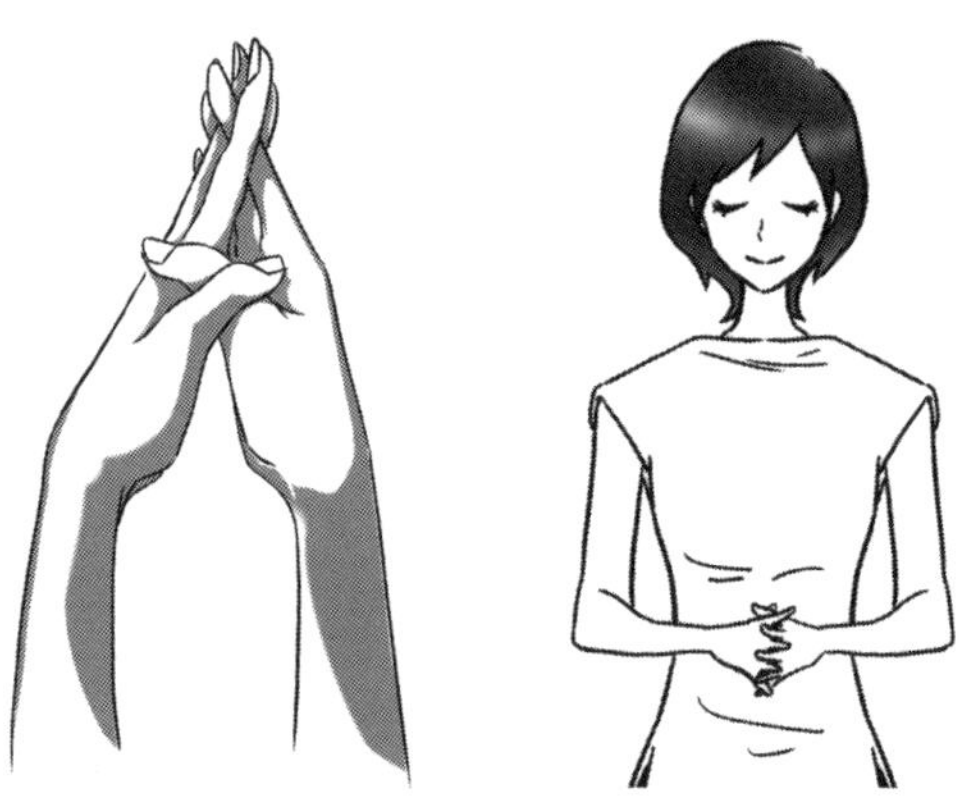

で始まり、どんな状況でも幸せな安定した状態になります。

最悪から最高の人生へとパラレルワールドを変えたい人へ

パラレルワールドとは並行宇宙であり、並行世界です。たくさん世界があるわけです。世界線ともいいますが、無数にあります。

そのどこかに皆さんはいます。いろいろな世界線にそれぞれ自分がいます。多次元にいろいろな自分がいて、高い次元のほうの自分、本質（ハイヤーセルフ）が今の自分にアクセスしてきて導いているともいいますが、これはまた別の見方で、今、自分がいる世界と別の並行している世界に、今この時間にこうしている自分とは違う自分が無数にいて、また違うことをしているという概念です。

例えば、パラレルワールドA、B、C、D、E、Fという並行宇宙、並行世界があるとして、これを幸福度が高い低いで便宜的に分けます。統合度、もしくは幸福度が一番高い世界をパラレルA、一番低い世界をパラレルFと仮定します。

例えば、パラレルEに今いるとします。一番低い統合度、幸福度のパラレルFの1個上です。一番統合度、幸福度が高いパラレルAに、魂レベル（潜在意識、超意識）では行きたい。より高いパラレルワールドに行きたいと、みんな思って毎日生きています。それが魂の進化なのです。

魂がより進化している、神化している世界が、統合度が最も高い幸福度の高いパラレルワールドですが、そこに行きたいと思っていても、同じ思考、同じ感性、同じ行動パターンだと、同じ世界線がずっと続いていきます。変わり映えのない人生になります。上には行けません。

では、どうしたら高いほうのパラレルワールドにワープできるのか。どうしたらパラレルEにいる人が、パラレルAの世界を具現化させられるのか。

パラレルワールドの具現化の方法、自分が狙っている最も幸福なパラレルワールドを自分の人生に具現化させて、魂を進化させる方法は無数にありますが、簡単な方法を一つ、ご紹介したいと思います。

ワーク⑥　パラレルワールド　ワープ法

①　まず、目を閉じてください。
今の自分がいる世界をリアルに感じてみます。呼吸を腹式にして、丹田に意識を落としてみて、今の自分がいるパラレルワールドを全身で、五感、六感、七感、八感、九感を使ってフルに感じてみてください。

②　次に、自分の心の奥深く、感性の奥深くで、自分のいる世界全部を深く感じてみます。呼吸を整えて、深く感じてみます。
こうすることで一番奥深い、幸福度・統合度の高いパラレルワールドに、一度、繋がりました。この繋がったと感じる状態からワープしていきます。

③　ワープすることを決めます。
「私は全ての現象を感謝と愛で包み、自分に起きた全ての出来事に心からお礼申し上げます。感謝いたします。全ての出来事を心から愛しています。そして、私は今この瞬間から、愛の極まった世界を常に生きていくことを知っています。そうなることを誓います」と肚に決めてください。

これだけです。繋がった世界にワープします。心がすごく軽くなって、フワーッと上に上がるような感じです。これが今の自分よりも高いパラレルワールドに繋がり、それが具現化する感覚です。ご自身でやってみられると感覚の違いがわかると思います。

例えばパラレルEだったのが、もうちょっと高い世界に上がる。下も上も無数にあるので、今いる自分の世界から、無限にあるパラレルの今とりあえず行ける最高のところまで、毎回毎回ワープしていきます。行ったら行ったで、また上があります。調和度、統合度、幸福度の高い世界が無数にあるのです。どれだけでもワープしていけるし、具現化させていけるので、何となく感覚でわかるまでやってみてください。何回もやっていれば覚えます。より統合度、調和度、幸福度が高い光の世界に、ワープしていってください。

ピンチをチャンスに変える方法

ピンチもワープを使ってチャンスに変えることができます。

人は努力していって壁が現れると、びっくりして、これをピンチだと捉えて一生懸命乗り越えようとします。壁を乗り越えるという教えをしている先生は多くいると思いますが、私は、壁だという認識が違うと思うのです。壁だと思うから、「ピンチだ」となるし、「乗り越えなくてはいけない」となります。

もしも努力していって、壁っぽいものが現れたら、「これは一種の自分のリミット（限界）ではあるけれども、これはチャンスだ」と捉える。壁ではなくてチャンスだと思うと、それに対してどんなことができるのかなと一生懸命考えます。そして、自分ができる最大限の方法、考えられる最高の方法をやろうとします。

そしてそこにワープする。自分がこのチャンスを全部手に入れて、乗り越えて、ワープした、その可能性が最大化されて、自分の目標が達成された、チャンスが達成されたものとして生き、壁を捉えるのです。捉え直しです。

方法としては、最大の可能性を自分で書き出していきます。そして、そこに向かってワープした、もうできた、もう達成したんだと毎日毎日、自分に言い聞かせて、もうできているものとして逆算して、そのつもりで行動していくのです。そうすると、そのつもりがやがて確信になって、人生全体が本当にその思いに相応《ふさわ》しい方向にいつの間にかワープしていきます。

壁だ、ピンチだと思って、乗り越えようとするから苦しいのです。ピンチだと思わなければいいのです。これは自分の可能性に現れた偉大なチャンスだから、そのチャンスを最大限、活かすにはどうしたらいいかと考え直して、自分で考えられる最高の方法をどんどん書き出していく。そうすると最後は、手が勝手に書いてくれます。

書き出していくと、もうこれ以上書けないところで、ひらめきのようなものが来ます。それを捉えて実行することで、ピンチがチャンスに変わって、ワープできます。自分が書き出した最大の可能性を手に入れることができます。もうそのようになったと思って、毎日生きてください。そうすると、確実にそうなるように、その思いに相応しい方向に人生が導かれていきます。

一種の思い込みですが、思い込みをいい方向に活用して、人生全体をワープさせていく。このトレーニングはやることは簡単ですが、何度も何度もしていくと、「そのつもり」が、やがて「そうなる」というところから、「もうそうなっている」になって、「そうなった」というふうに、非常に短い期間でワープがどんどん行われていきます。ダラダラやっていたら何年も何十年もかかるものを、わずか2～3年でクリアできたりします。

そういった人生の計画の前倒しをするには、自分自身が最大でできるところはどこなんだろうと、可能性をいつも探っておくこと。そしてそれを書き出して、それがもうなったものとして実行すること。これをすると、ピンチがチャンスに変わって、なおかつワープして、想像を絶するところに人生自体を導いてもらえます。人生のピンチを有効にチャンスに変え続けることができます。

運命の扉を人工的に開いて新しい運命を自分で切り開く方法

運命の扉とは何か。現象界と潜象界があります。本当はもっと細かいのですが、見える世界が現象界、目に見えない世界が潜象界です。ざっくり言うと、この二つの世界で現実世界はできています。

人間は現象界に生きています。3次元は身体ですが、心は4次元で、魂は5次元以上で、潜象界と繋がっています。繋がってはいますが、普段、潜象界は意識しません。心も魂も毎日使っているのに、身体や現実の物理次元（3次元）ばかり意識しているから、潜象界と全然繋がらないのです。

スピリチュアルが好きな人たちは潜象界に繋がるように意識していると思いますが、実際に繋がっている人はほぼいません。本当は心があって、魂があって、その人の霊性、エネルギーの根源が潜象界にあるのですが、そことは繋がっていてもよくわからないというのが実際なのです。

潜象界に繋がる運命の扉があります。夏至に外道が開いてから数日間は、運命の扉が開いています。そして12月には冬至があります。冬至や夏至は、潜象界に自由にフリーパスで行けるのです。ほかのときはなかなか行けません。

半年に一遍だけ運命の扉が自動で開きますが、冬至、夏至でなくても、あなたが見たタイミングで、その瞬間に運命の扉を人工的に開いて、潜象界に入る方法、そして新しい運命を自分で切り開く方法を、お伝えしようと思います。

このワークによって、冬至や夏至でもなくても、1年中、いついかなるときでも、潜象界に繋がる運命の扉をくぐることができます。自分が望んでいる望みの扉を開いて、見えない扉をくぐって、望みのエネルギーを、潜象界にある自分が望んでいる世界を掴んだら、何とこれが現実界に転写されて、物質化します。

3次元で一生懸命努力して、頑張って物事を物質化しようと思っても、なかなかうまくいきません。潜象界に繋がらないまま、思考で一生懸命やっているからです。ボディ（身体）とマインド（心）とスピリット（魂）を全部使って、宇宙に委ねて、流されていけば、勝手に物質化して、現実化します。とても簡単です。自分で骨身を削るほど努力しなくてもいいのです。

このワークで、皆さんが望んでいる運命の扉を開きましょう。そして、自分の魂が望んでいるビジョン、自分の心の奥底で望んでいるビジョンを摑みましょう。摑んだら、そのまま流されましょう。流されたら勝手に物質化する、これは一つのシステムになっているので、扉を開いて、摑んで、流される、委ねるまで、やってみましょう。

ワーク⑦　潜象界に繋がる運命の扉を開け、望む世界を現実化するワーク

① まず、椅子に座ってください。
座って、気持ちを楽にして、背筋は伸ばしたまま、手は掌を上に向けて、膝の上に置くようにしてリラックスしてください。

力を抜きます。呼吸を大きくゆったりしていきます。脳波を落としていきます。アルファ波、シータ波、ゆったりした脳波になって、ちょっと眠くなる手前ぐらいでとめます。呼吸をして、意識を通していきます。何回も呼吸してください。

② 呼吸に集中します。深呼吸して、お腹に意識を集中し、ゆっくり呼吸を繰り返

します。

③　イメージをしてください。呼吸は深く続けていてください。

目の前は白く光っています。目をつぶった瞼の裏側に、白い世界が広がっています。その白い世界に、茶色い扉が見えます。茶色い扉が出てきます。木の扉です。ドアノブは真鍮でできています。そのドアノブに手をかけます。自力であけようとしても開かないので、呪文を言います。

「開けゴマ」

声に出して「開けゴマ」と言うと、ドンとあきます。

開いたら、皆さんの心の景色がそこに広がっています。

一人一人、全員違います。

これは「どこでもドア」です。目の前には、砂浜と海が広がっているかもしれないし、お花畑が広がっているかもしれないし、大草原が広がっているかもしれません。あなたの心のビジョンが、扉を開いた向こうに広がっています。

そこに勇気を出して一歩入っていきます。

そして、後ろ手にドアをガチャッと閉めます。

どこにでも行けるドアをくぐっていますから、あなたには自分の心のビジョンが見えます。そのビジョンでたたずんでみてください。

ドアをくぐった状態で、呼吸を整えます。そして肚で決めます。

「**私は自分の魂が望んだ最高のビジョン、最高の人生、最高の未来に、今からワープします。そしてワープした新しい現実を生きます。それを決めました**」

と声に出します。そして「ワープ」と心の中で唱えてください。

この瞬間、ワープが完了しました。また真っ白な世界に入っています。素粒子の世界みたいなところにワープしました。そのまま、ゆっくり呼吸をしていって、現実に戻ってきます。

10、9、8、7、6、5、4、3、2、1、0

④ 目を開けてください。

このワークを終えたあなたは、ワープした新しい現実に今、生きています。着地しています。この状態から、新しい人生が自動でスタートします。全て宇宙に委ねて、サレンダーしているので、新しい世界を潜象世界で掴んで、その波動と一体化して、現実にワープして戻ってきて、物質化し、現象世界で全く違う自分に組みかえられています。ワープした状態で3次元が進んでいきます。

今とは全く違うビジョンを捉えて、今の3次元の人生の流れとは違う方向にパラレルワールド（亜空間）が開いていきます。新しい運命の扉を、あなたは、今、無事にくぐられました。そして新しいパラレルワールドが顕現してきます。

簡単なワークですが、最高の自分、最高の世界を一瞬で掴んで、それと一緒に現実にワープしてきて、今現実が進んでいます。ぜひ繰り返し、何となくしっくりくるまで再現してみてください。

決めることを邪魔するもの

あなたの奴隷プログラムをやめて幸せな人生を歩むには？

こんなことをして本当に変われるんだろうか、と疑問に思っている方もいらっしゃるかもしれません。

これまで何度も「肚で決める」とお伝えしてきましたが、その感覚がわからなくて不安に感じている方もいらっしゃるかもしれません。そんな方には、奴隷プログラムが働いている可能性があります。

奴隷プログラムとは何かというと、強迫観念に近いです。～ねばならないという強烈な思い込み、強迫観念、これが奴隷プログラムです。

例を挙げると「努力しないといけない」。「人は頑張らないといけない」。「〇〇を必ず成し遂げないと評価されない、認められない」。こういうのを私は「頑張る教」と言っています。頑張る教というプログラムがあって、これは強迫観念です。これで生きていると、確実に不幸になります。不幸せな結果しか手に入りません。

結局、「努力」、「頑張る」ということは、本心が別にあっても、それをねじ曲げてでも頑張らなくちゃいけないということです。「頑張る教」というような強迫観念で頑張ってやっても、無理しているので不幸せな結果になります。だから成功しても、病気になってしまったり、不幸だったりします。人生というのはバランスを取ろうとする方向で動くので、すごく幸せと思ったら、すごく不幸せな方向に動きます。すごく喜んだら、すごく悲しいことが起きます。

喜怒哀楽の感情は、どこで調整しているのかというと、中庸（ニュートラル）な部分です。幸せでも不幸せでもない部分で人生は調整されています。どんなことがあっても淡々と生きる、感謝で生きる。全てを淡々と感謝して生きることによって、常に中庸な生き方になっていきます。頑張るとか頑張らないではなくて、淡々と感謝で生きただけで、中庸になる。これが本当の幸福感です。

自分に無理強いしたり、ねばならない強迫観念で、無理やり頑張って結果を出そうとしても、結局、不幸せな結果に至ります。それは中庸ではないからです。淡々と感謝して生きると中庸になって、確実に幸福になります。頑張る教の観念が外れているので、あるだけで幸せ。本当の幸福感、本当の to be は、ただある幸せです。

末期のがんで生還した人が実際にこう話していました。「人間はただ生きていればいいとわかりました。何かを成し遂げなきゃいけない、成功しなくちゃいけない、これを成就しなくちゃいけないと自分に強迫観念を持ってやっていって、結局、病気になって、何も成し遂げられなかった。何年も病床にいたけれど、結局人間は、生きているだけで丸儲けで、生きているだけで幸せで、そういうふうにできているんだということがわかりました」と。

中庸になったので、幸福感というのは to be、ただある幸せだなと気づいたわけです。病気になって死ぬほど苦しんだ結果、頑張る教に真実はないとわかる人が結構います。ねばならないという強迫観念から物事を始めたら、不幸せな結果にしかなりません。中庸になり、感謝して淡々と生きて、ただある幸せ、幸福感、それによって自分が何をしたいか。心の底からこうなりたいということをやっていけばいいのです。そうすることで奴隷プログラムが外れます。

奴隷プログラムを外して、本来の幸福な to be、ただある幸せな生き方に到達する。その方向に向かっていってください。

魂が意識進化するためにあなたが決意するべきこと

奴隷プログラムの代わりにあなたが持つべき指針

奴隷プログラムの代わりにあなたが持つべきものは自主性。そして目指すべきは意識進化です。

自主性というのは、自分がこうしたいという自分の強い決意です。強い決意を持って事に当たると、人間の意識は大きく進化します。逆に自主性がなく、誰かの言いなりになったり、誰かに言われたとおりに作業したり、仕事したり、ビジネスをするだけでは、意識はなかなか進化しません。

自分である程度の決意をして、「こう世の中に社会貢献する」「こうビジネスをして立派になる」「こう愛を循環させて人々に役立つ」など、強い自主性を持って自分のビジネス、自営業なり会社の経営なりに当たることによって、意識が飛躍的に進化するように、人間の魂はもともとプログラムが組まれています。

自主性がなく「〇〇さんに言われたとおりにやったのに、うまくいきませんでした」という言いわけをする人が結構いらっしゃいます。そうではなくて、自分で決めて、自分で決めたことに関してはきっちり責任を持つ。自分が自主性を持って決めて、決意してやっていく。自主性を持って進めるということが、魂の進化や世の中への貢献には一番役に立つし、いい愛の循環ができる大きな始まりなのです。

自分でビジネスをされたり仕事をされるときや何かのプロジェクトを進めるに当たっては、これは自分の決意として、自主性を持って、責任を持ってやっていくことなんだという自覚を毎回新たにして行動してください。そうすると意識、魂は大きく進化していきます。自分の周波数が上昇して、より幸福度の高い、調和度の高い状態に、内面を統合しながら向かっていきます。

ミロクの世、黄金時代の在り方

メンタルが安定する、自分を落ちつかせる方法

人間は精神的な生き物です。精神＝メンタルが不安なとき、落ちているときに、これを解決するにはどうしたらいいか。

人間のエネルギーが0だとして、プラスとマイナスがあります。人間の精神は落ちたり上がったり、マイナスとプラスの間で波＝揺らぎがあります。

占星学などでは、バイオリズムという表記をします。生体の揺らぎです。

必ず生体にはバイオリズム・揺らぎ・波があります。これは犬でも猫でも、ライオンでもトラでも、人間でもゴリラでもチンパンジーでも、生き物には必ず波・揺らぎ・バイオリズムがあって、特有のバイブレーションを個体で持っています。生命の

種族としてのヒューマノイド、人間としてのバイオリズムの傾向というのがあります。人種でもある程度、傾向がありますし、年代でもありますし、各個人でもあります。それぞれ特有の波・揺らぎ・バイオリズムを持っています。

メンタルの波にも落ちているときもあれば、上がるときもあります。0から下のところで不安定なときというのは、ものすごく嫌な感じしかしません。高いところで安定しているときは、すごくいい感じがしますが、ある意味、調子づいてしまうときでもあるので、人間としては少し心許なくもあります。いろいろなことが疎《おろそ》かになり、注意力も落ちます。安定しているからといって完璧なわけでもなく、不安定だからといって完璧でないわけでもありません。

本当に完璧なのは0で、精神が落ちもしなければ、上がりもしない。どっちでもないというのが0です。これはバイオリズムとしての波はあっても、不調のときにも好調のときにも一切囚われずに、絶対的に無理をしないで淡々とする生き方です。どんなときでも好不調の波を超えて、精神を淡々と安定させていく。揺らぎのリズムはあってもそれに関係なく、自分の精神が常に中庸である在り方です。

これは最終的な進化系ですが、ある程度年齢がいき、社会的、精神的に成熟して、ちょっと枯れかけるような感じにならないと、中庸というのはなかなかわかりづらいというように人間はデータが組まれています。若いときにそれができたら、ある意味、天才、もしくは突き抜けた人だと思います。

この状態に向かって人間は進化していきます。今回の人生も、皆さんそのようなデータが組まれています。これは人類共通のルールです。ですので、この波・揺らぎ・バイオリズムを、安定・不安定はありながらも、中庸に持っていく。調子がよくても、調子に乗らず、中庸になる。調子が悪くても、落ち込んだりせずに中庸になる。どんなときでも淡々として、全受容して、全部受け入れると、中庸になります。そうすればどんなことがあっても、精神が不安定になりません。

全受容していくためのキーワード

調子に左右されない、常に淡々と全受容していく中庸の在り方。これは感謝が全てのキーワードです。全て受容しながら感謝していく。自分の命が今あること、存在があること、意識があること、意志があること、そこから始まって、魂、心、細胞、原子核、電子、分子、そういった全部のレベルから、全てに感謝していくという、究極の感謝になります。魂に感謝する、心に感謝する、ボディに感謝する、細胞、血液に感謝する、原子、分子、陽子、中性子、電子、そういった全てのレベルに感謝する。

全てに感謝して、そして投影として見える自分の世界、天地の循環、命、在り方、生き方、全部に感謝して、淡々と全受容し感謝する行を続けていくと、中庸になっていきます。どんなときでも幸せです。

このどんなときでも幸せな自分をつくることが、実は一番大事です。常に真ん中のラインで全受容して感謝する。そうすると淡々とした宇宙的な器というものが宇宙から来ます。

そういう宇宙的な器ができたら、メンタルなんてやられないし、常に光っています。統合された光、愛になります。そして、バイオリズムに関係なく、人生の一番大事なことに気づき、思い出し、人生の一番大事なことを今の生活の中で実践して、常に存在しているだけで愛であるという存在に昇華していきます。愛と光そのものです。

人の魂は最終進化すると、存在しているだけで愛という存在になるのです。何もしなくも、いてくれるだけでいい。その人がいると全部うまくいくという、人間福の神のさらに上位版、人間宇宙のような存在になるようです。

そこに向かって皆さんは刻一刻と進化しているというのが、アセンションの2012年以降、さらに2021年以降のミロクの世、黄金時代です。これは1000年続きますが、新しい時代が来ているのです。その時代の在り方は、存在しているだけで愛というのが最高レベルです。そこに向かって皆さん、進化していっています。そのための中庸、全受容、感謝、淡々とするという行、生き方、在り方をマスターしてください。マスターしたら、存在しているだけで愛という方向に向かっていきます。これが誰にでも共通している、宇宙的な器をつくるまでの仕組みであり、大きなプロセスです。

精神が不安定なときは、ぜひ淡々と感謝していくという行をしてください。真ん中にいるようにしてください。全てを認めて全受容しながら、全てに淡々と感謝するということを繰り返すと、メンタルが光へと変化していき、宇宙的な器が構築され、存在全てが愛という存在に昇華していきます。

不足や枯渇が起きたときの対処法　～中庸を維持するには？～

物事には、概念として不足や枯渇もありますが、みんな一番どうしたいかというと、満ち足りたいのです。充足・満ち足りているという概念があって、反対側に、不足・枯渇の概念があります。概念としてだけではなく、実際、エネルギーとしても存在しています。

そして、その間に中庸があります。中庸はただ在るのです。

しかし学校教育では、「君は、こういうところがいいところ。こういうところが悪いところ」と、充足しているポイント、足りないポイントを、能力や性格で指摘されて、マイナスを埋めていこうとします。短所是正法というのを、通常の公教育ではとっています。

学校教育は、あなたの短所をよくしていこう、不足・枯渇を何とかしていこうとします。そうすると、本当は中庸なのに、自分の不足・枯渇にばかりに目がいくので、常にそちらに引っ張られます。だから精神が中庸ではなくなり、波動もマイナスに下がります。

不足・枯渇がマイナス、中庸がゼロ、充足・満ち足りた状態がプラスだとすれば、常にゼロポイントであるのに、不足・枯渇・欠点にばかり目がいくように教育されるから、鬱病とか、引きこもりになっていく。教育のせいです。

本来、やるべきなのは、長所伸展法です。誰にでも、長所、充足・満ち足りたすばらしい部分、突き抜けた部分、神なる部分、そういうとてつもない部分があります。その人にしかない神様な部分、すばらしい神性が誰にでも必ずあるのです。

弱点ではなくて、そのすばらしい長所・神性に意識を向ければ、常に上がる。伸びる、成長するのです。成長するための唯一無二の方法は何かというと、常に自分の長所、充足し満ち足りた神性を見て、その自分のすばらしい部分に感謝していくことです。

こんな自分を世に出してくれて、こんな自分の存在で生きていることを、大宇宙に感謝します。また、ご先祖様や、自分の遺伝子をくれた両親とか、自分に関わる全ての存在に感謝します。自分の魂が成長して伸びるために、自分の神性・長所を見て、宇宙の大いなる働きが成長していける自分をつくってくれたことに感謝します。

こういうふうにして生きていると、常にただ在る状態でありながら、宇宙の成長の軸に自分が乗っていきます。そこは不足や枯渇はありません。闇の部分がなくなります。不足や枯渇は、それはそれで認識し、受け入れた上で統合する。受容して統合すれば光になります。

光と闇が統合したものを太極といいます。闇も光も受け入れ、太極になっている。自分は中庸でありながらも、全部をわかった上で、全てに感謝し、宇宙の中心の充足・満ち足りた、自分の長所・神性が溢れたすばらしい状態に意識を合わせていける。中庸にいながら全て受け入れて、光のほうに意識を合わせていく。それが本当の意味での成長です。伸びる・進化・突き抜ける状態になっていきます。

自分の中に不足や枯渇が起きたときは、ただ在るというところに意識を持っていってください。それには呼吸を整えることです。先にお伝えした鎮魂です。魂を鎮めます。

《鎮魂の方法》

① 目を一点に集中させる。
② 目を開けたままそこに意識を集中し、丹田に意識を落として呼吸を整える。
③ 闇も光も含め、宇宙の全てを受け入れると肚で決め、宇宙の中心に全てを委ねる。

お腹に意識を集中し、目を開けたまま一点を見るという方法です。

まず、目を一点に集中させます。あれば丸い球を置いて、その球を呼吸を整えながら凝視することをお勧めします。私の自宅には占い師が持っているような水晶球があります。なければ何でもいいので、何かを置いてください。仏像でもパワーストーンでも構いません。

その一点を呼吸を整えて見つめていきます。

次に、丹田に意識を落として呼吸を整えます。

そうすると、中庸、ただある状態になり、精神が丹田に安定します。これがグラウンディングです。

グラウンディングして、宇宙の中心に繋がると、闇の部分と光の部分が全部入ってきます。ただ感謝して、感謝の気持ちを肚に入れていくと、すばらしい神性、突き抜けた光、充足し満ち足りた方向に意識が引っ張られます。全てただ在る状態で闇と光を受容すると、意識は宇宙の中心の感謝・愛・光・調和の方向、充足し満ち足りた状態に引っ張られます。これが、統合した光です。その方向へ引っ張られるので、常に呼吸をし、全てを受け入れ、宇宙の中心に意識を向けます。

闇も光も全てを受け入れる、宇宙の全てを受け入れると肚で決めます。そして、宇宙の中心に全てを委ねます。

こういうふうにすると、宇宙の中心の統合された光が、自分の霊性を上げてくれます。波動が上昇し、より細かくて速い粒子に変わって振動が速くなり、高波動、高周波になってきます。そして自分のレベルが、宇宙によって引き上げられていきます。

この呼吸法（鎮魂行法）をしていくと、不足や枯渇を感じない自分に短期間でレベルがアップします。

自分を鎮めて、全部受け入れて、宇宙と繋げていく。この鎮魂法で、どんなことがあっても、不足や枯渇とは関係なく、感謝・光・愛・太極の統合された状態に自分の霊性、精神を持っていけるので、さらに感謝できて、満ち足りていくといういい循環ができてきます。

強い意志で決めるために

性的エネルギーの正しい活用法

人間にはチャクラがあります。中でも第1と第2のチャクラを開いて調整し、その性的エネルギーを意志の力、意識の力、意図の力で循環させて、実行力に変えていく方法です。

簡単に説明すると、人間の頭頂に第7チャクラ、頭頂1・5センチのところに第8

チャクラがあります。眉間の部分に第6チャクラ、喉のところに第5チャクラ、ハートのところに第4、太陽神経叢に第3、丹田に第2、生殖器に第1、そして足裏から30センチ下に第0チャクラ（アースター・チャクラ）があります。

第0チャクラは、立っているときは大地や床にめり込んでいるので、ふだん、見ることはできません。第0チャクラは、穢れの地とかに行くと、ここは穢れているな、雰囲気が悪いなとか、神社に行くと、ここは清々しいな、いい感じだなと、土地の雰囲気を感じ取っています。

0から1、2、3、4、5、6、7とチャクラがあって、頭頂1・5センチにある第8チャクラはエネルギー体チャクラです。本当はもっと上まであって、20〜8までがエネルギー体チャクラです。ボディにあるのが7〜1で、0はエネルギー体です。9〜20はエネルギー層で外側に繋がっています。このようにエネルギー体、ボディ、エネルギー体と、人間のチャクラは上から下まで繋がっています。上から下に降りていっています。

クンダリーニというのは性的エネルギーです。肉体を持って生きるのは重要なエネルギーです。そのクンダリーニを覚醒させるには、第1と第2のチャクラを主に使い

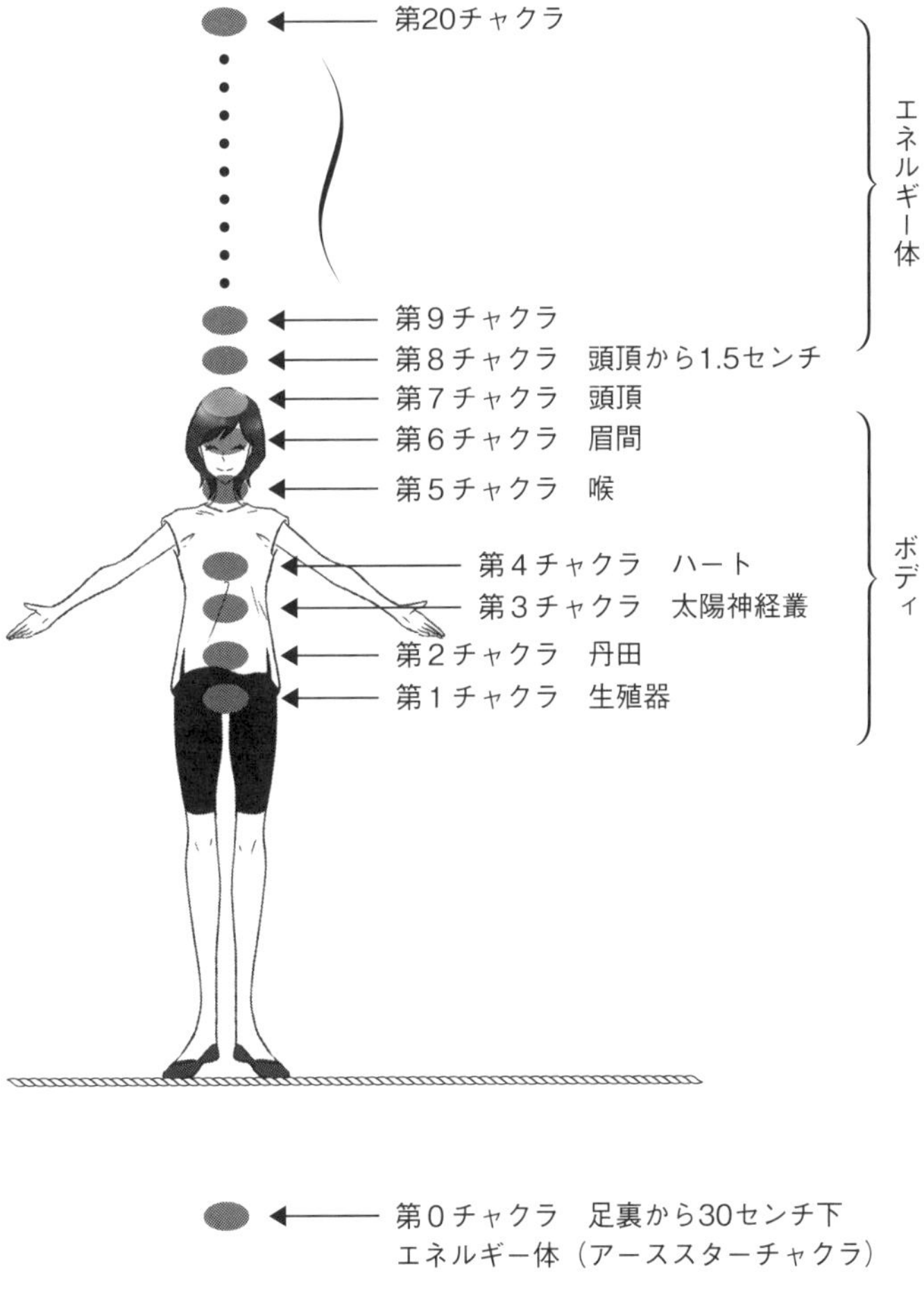
第20チャクラ
エネルギー体
第9チャクラ
第8チャクラ　頭頂から1.5センチ
第7チャクラ　頭頂
第6チャクラ　眉間
第5チャクラ　喉
ボディ
第4チャクラ　ハート
第3チャクラ　太陽神経叢
第2チャクラ　丹田
第1チャクラ　生殖器
第0チャクラ　足裏から30センチ下
エネルギー体（アーススターチャクラ）

ます。特に第1は、性のエネルギーを管理している非常に大事なチャクラです。意志や意識は第2チャクラが管理しています。

性的エネルギーは、霊的に見るとヘビのようなウニャウニャしたエネルギーで、人間の身体の中を左巻きでグルグル回っています。第1チャクラから出て、グルグル回って、下に行ったり、上にのぼっていったり、いろいろな螺旋《らせん》エネルギーを持って人間の身体を巻いていっています。特に第1から出て下半身、下のほうに行って、また上がってきて、上のほうに行って、また下に降りてきたりして、すごく複雑な動きをしています。

この性的エネルギーは古くからヘビに例えられます。ヘビのように見える性的エネルギーの流れは、第1チャクラから出るエネルギーの流れですが、この第1チャクラが閉じている人は生命力が低いです。性的エネルギーというのは、そのまま生命力なのです。オギャーと生まれた瞬間から、亡くなるまでの全ての生命力は、性的エネルギーとして第1チャクラに入っています。ヘビのような形で全身をグルグル回っています。

第1チャクラであるクンダリーニ・チャクラ、つまり性的エネルギーのチャクラを開くことによって、第2のチャクラが性的エネルギーを、宇宙と繋がった意識・意志・意図をもってコントロールするようになります。第1チャクラだけ開かれても、制御するものがないから暴走してしまう。制御するのは意志・意識・意図です。第2チャクラの意志・意識・意図をもって、性的エネルギーを正しく扱っていくことが非常に大事です。

第2チャクラは丹田の奥、下丹田、へその奥ですが、まず、へそのあたりの第2チャクラに意識を持っていき、なおかつ、男性は精巣、女性は卵巣にある第1チャクラの性的エネルギーに意識を向ける。自分のおへそと生殖器のあたりに意識を持っていって、そこを覚醒させてエネルギーを解放して、第2チャクラの意志・意識・意図をもって性的エネルギーをコントロールできたら、人間の生命力は増大していき、正しく使えるようになります。

第1チャクラは人間のエネルギー、「氣」の発生源です。氣はプラナです。第1チャクラで生成されるプラナ（氣）をきちんとコントロールして、現実の世界に落としていくと、突き抜けた集中力や実行力になります。生体エネルギーの転換による仕事の成功や社会的キャリアの構築、信頼関係の構築、天命の成就など、あらゆるものの全てが性的エネルギーとそれをしっかり使える意図の力によって、よくも悪くも人生に顕現してきます。性的エネルギーを解放し、意志・意識・意図の力を解放し、第2チャクラと第1チャクラでエネルギーをきちんと運用していければ、人間は必ず成功しますし、必ず幸福になりますし、必ず持っている天命を全うできます。

これがしっかりできていない人が現代人には非常に多いです。暴走しているか封印して固まってしまっているか、どちらかの傾向が強い。今回、お伝えするワークでは、第2と第1のチャクラを簡単に開いて、性的エネルギーをきちんとした意図をもって全身に張りめぐらせ、自分の天命の成就、社会的な成功、家庭の中における調和、在り方をきちんとつくり、それを行動し、発言し、形にしていく流れになっていくよう調整をしようと思います。

ワーク⑧　クンダリーニ覚醒の方法

① 立っているか、座っているかして、手は手のひらを上にして自分の前に開いておきます。目を軽くつぶって、自分の生殖器とおへそに全意識を集中する。

② ゆっくり鼻から息を吸い、お腹に溜める。長く息を出し、吐き切る。これを繰り返す。

③ アファメーションする。呼吸しながら声に出します。

「私は自分の持っている第1チャクラ及び第2チャクラの力を全て解放することを決意します。そして性的エネルギーを全て解放し、意図の力を全て解放し、正しい意図の力をもって性的エネルギーをきちんと揺り動かし、きちんとコントロールし、性的エネルギーを丹田に落としてグラウンディングし、実行力に変え、本当の天命を全うする全ての行動力の源泉にすることを自覚します」

④ 生殖器と丹田にエネルギーを落とし、呼吸をもって全身に広げていく。ホワーッと花が開いていくイメージで、息を吸って息を吐く。

このワークで第1と第2のチャクラを開いて調整し、その性的エネルギーを意志の力、意識の力、意図の力で循環させて、実行力に変えていきます。これがプラナ（氣）の第1、第2のチャクラにおける使い方、生命力の扱い方の導入です。

怖れから自由になるには？

人が天に「〇〇を叶えてください」と祈ったとします。そのとき、「〇〇が叶わなかったらどうしよう」という裏の思いも必ず一緒に発信しています。これは怖れです。天に対して、人が〇〇を叶えてくださいと願うときは、叶わなかったらどうしようという怖れも一緒に、無意識レベルで発信しているのです。

天に祈って発信しているので、結果的に願いがブレるわけです。そうすると、ブレた結果が出てきます。怖れがまじって、結果的に天からブレた結果が返ってくる。その結果によって、疑念のほうが強くなってしまう、そんな体験がある方もいらっしゃるのではないでしょうか。

これを打ち砕き、乗り越えるには、アファメーションが有効です。

「親愛なる大宇宙よ、私に怖れから完全に自由になる光を降ろしてください！」

と天に祈ります。これをオーダーします。

どんな姿勢でもいいので祈るのです。私は手を組んで祈っています。宇宙には酸化エネルギーと還元エネルギーがあります。還元エネルギーは左回りで、酸化エネルギーは右回りです。右回りでエネルギーをイメージすると、老いて、ふけてしまいますが、左回りでエネルギーを降ろすと、還元になって若返ります。

怖れはブロックを生み出します。ブロックを解除する場合は還元なので、左から回ってきます。だから左から渦が自分に降りてくるようなイメージ、左巻きの宇宙からの大いなるスパイラルが自分に降りてくるイメージで、

「親愛なる大宇宙よ、私に怖れから完全に自由になる光をおろしてください！」

と言って、左巻きの渦の中に自分が入ります。天から左巻きの渦が降りてきて、自分がそこに入っているという感じをイメージすると、怖れから解放するエネルギーが宇宙から入ってきます。

これを自分がすっきりするまで、祈りのポーズで受けてください。私の場合は、数分すると身体がふっと軽くなります。それで手を解いてもらえば、親愛なる大宇宙から怖れを解放するエネルギーが来ます。

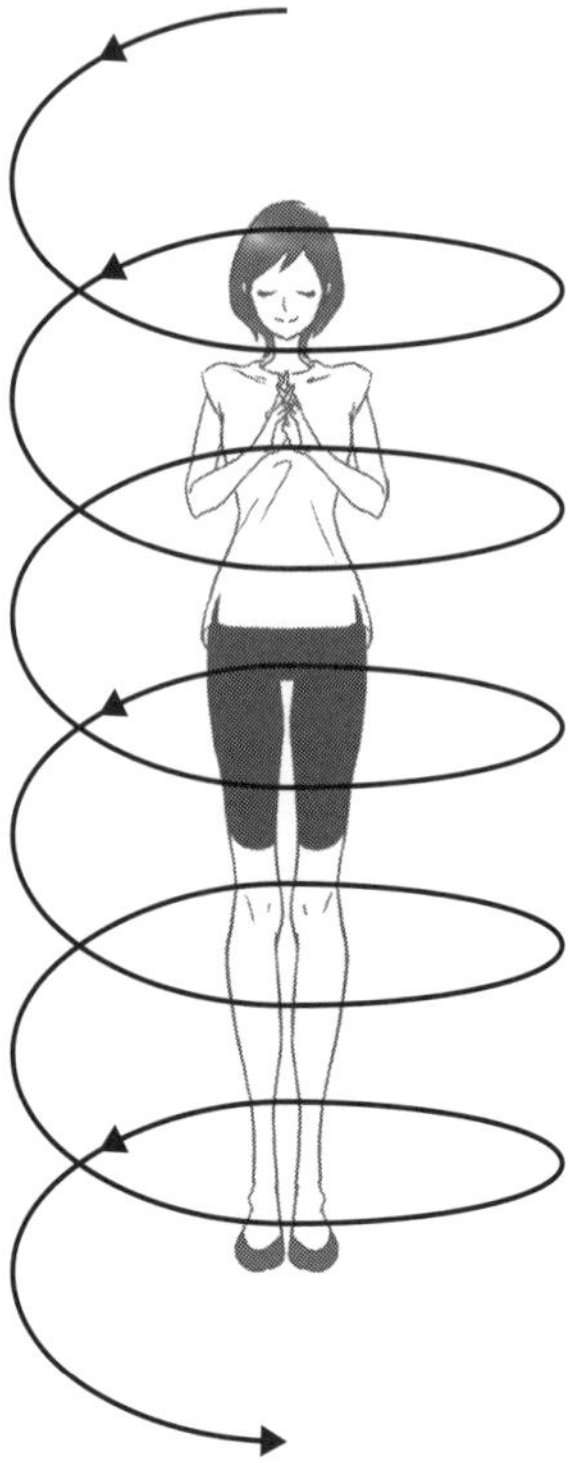

上を向いたときに
反時計回りの
左回りで降りてくるイメージ

このアファメーションで祈ると、エゴがない形で天にオーダーが届くので、ブレた結果ではない、澄み切った結果が返ってきます。怖れというブロックが解除（リリース）されるのです。

これは1回やっても、いきなり怖れが完全になくなるわけではありません。自分の中で毎日毎日、1日1回以上、毎日毎日、繰り返してください。1日1回でも複数回でもいいです。とにかく毎日継続していくと、どこかの段階で完全に怖れから自由になります。

「叶わなかったらどうしよう」という、自分の意識の裏側にあるネガティブな願い、無意識に入ってしまっている願いが消えて、「絶対叶う」という感覚が芽生えてきます。そうすると怖れがない状態で、自分の意識がきちんとゆがまず天に届き、その結果を、スムーズに、速やかに、クリアな状態で正しく受け取ることができるようになります。

銀河連合FIILFを味方にするには？　～FIIDAとFIILF～

今後、アセンションしていくにあたり重要かつ緊急なことですので、お話ししようと思います。銀河連合（FILF）の一員になり、守護されるための方法です。

前提として、地球は銀河連合と惑星連合の両方の宇宙勢力の介入を受けています。惑星連合はFIDAといいます。銀河連合はFILFといいます。二つをまとめて宇宙連合といっている人がほとんどですが、まとめないほうがいいです。惑星連合（FIDA）の上位機関が銀河連合（FILF）です。銀河連合が惑星連合を管理しています。銀河連合の下部組織が惑星連合です。銀河連合のほうが古いし、本家です。

銀河連合が今、惑星地球をどうしようかということで、直接介入してきています。今は宇宙人とかUFOの話を受け入れてくれる人が昔より多いのですが、私は小さいときから最近に至るまで、宇宙船のマザーシップをたくさん見ています。スマホの時代になってからも高野山で見ましたが、あっという間にヒューンと行ってしまったので、録画できませんでした。

銀河連合のマザーシップがあって、これは非常に大きくて、万単位で人が乗れるような大きさです。小型の船もいっぱいあります。こういった宇宙勢力が地球に直接介入してくるのは、リーディングを何度しても、2024年くらいです。

ファーストコンタクトではありませんが、正式に、宇宙には地球をはるかに超える科学文明があり、それが結局、ずっと人類に介入してきていました。アトランティスやムーやレムリアの文明も、宇宙人の介入でできていて、宇宙文明の一つです。今まさに、地球は宇宙文明に原点回帰しようとしているという真実の情報が、世界中のメディアを通して発信されて、人類にとって当たり前の事実だとみんなの意識が変わるのが2024年ぐらいです。もうすぐです。

今後、銀河連合が地球を直轄してガイドしていくので、宇宙時代に2024年から入ります。

例えば、日本の神社の神様が、銀河連合に入っているかというと、一部しか入っていません。非常にレベルが高いので、銀河連合に加入している神は少ない。逆に、日本の神社の神様は、大体が惑星連合のほうに入っています。最近の私のミッションとして、日本の神社の神様、特に女神様を、惑星連合から脱却させて、銀河連合に持っていくということがあります。シラヤマヒメの神様が銀河連合の日本の女神のボス格ですが、アマテラスの神様や、ほかの神々様、特に女神様を中心として、惑星連合からレベルアップして、銀河連合に入ってもらうように勧誘している状態です。

惑星連合は大体10次元より下の次元なのですが、ここから13次元より上の銀河連合に日本の神々様がアセンションすると、日本はアセンションします。日本がアセンションすると、世界もアセンションするという流れで、今の世の中は動いています。

地球の中において、神様も人間も、今までの惑星連合レベルの太陽系の中の混沌とした状態を是としていた状態からいかに移っていくか。今は、銀河連合、全宇宙が地球を見守っていて、地球がこの幼稚な戦争ばかりしている、悪徳なディープステートのようなものが氾濫している状態から、２０２４年以降の新しい世界に人類全体、神様も全て移っていく過渡期なのです。

銀河連合の一員になり、守護されるには、日本の神社の神様も必要だし、日本人も必要だし、人類全部が必要です。13次元より上の銀河連合の中で導きを受けるということは、宇宙船はもとより、高位の神様や、神のような宇宙人から、直接強力に守られるということで、それだけで運が爆発的によくなるし、本来の魂が持っている全ての能力が解放されて、ブロックが全部なくなり、カルマも終わって、本当に天の使いのような人生に生きながらにして全部変わります。

今、それがどうしても必要で、意識の基盤を変えなくてはいけないのです。意識の基盤を変えるのは大変ですが、銀河連合が強力に来てくれれば、意識の基盤をアセンションして、新しい方向性にすることは可能のようです。それが簡単に少しでもできるような方法を、一つお知らせします。

寝る前に、手を組んで、ハートのあたりに置いて、目の前に大きな宇宙船がいるようなイメージをしてください。

「大宇宙よ、銀河連合FーLFよ、私の祈りをお受け取りください。私、〇〇〇（自分の名前）は、銀河連合FーLFの一員として、私の持っている全ての能力と働きを地上で顕現させ、自分の天命（ミッション）を全うし、人類に貢献する魂としてミッションを完遂させ、本当の安らぎと豊かさと繁栄と幸福を受け取り、魂の永遠の

向上に全て還元することを誓います。全てをお委ねいたしますので、銀河連合の直接のお導きと叡智をよろしくお願いします」

と委ねてください。

そうすると、ちゃんと銀河連合のほうから、霊線といって線が降りてきます。グリッドともいいます。霊線（グリッド）が銀河連合からその人のほうに降りてきて、線で結ばれます。そうすると、銀河連合のほうの霊線（グリッド）で、その人が銀河連合の一員として人類のために貢献するミッション（天命）をフル発動して、無限の幸福感や光や愛を放ちながら、本来のその人の魂の究極の調和に向かって自動的に人生を歩き始めるようになるのです。

それは仕事でもボランティアでも家族関係でも、何でもいいんです。とにかく全自動で全部変わってしまうので、もう前の人生には戻れません。エゴもカルマも関係ない、本当の光の塊の宇宙の人として、銀河連合の一員として全てがフィードバックされていくので、光の使者というか、究極の光の人のようになります。今までのスピリチュアルの既成概念とは全く違います。宇宙の根源からの究極の救済がいつも入り続けて当たり前で、それが当たり前という状態から人類全体にどう貢献していくのかが、銀河連合の一員となった人の2024年のスタートです。

地上の時間がもうそんなにないので、皆さんの中の相対時間で準備のために、十分な時間を持ってもらうのは難しいかもしれません。今できる範囲で、こういった祈りや誓いをし、霊線（グリッド）をつけて、上に導いてもらう体制になるよう、今日この瞬間からやっていただけたら、宇宙も、地球も、皆さんの魂も、非常に喜ぶと思います。

人間関係から人生を変える

どんな人間関係を手に入れたいですか？　欲しい人脈を意図する

一般的には、7人くらいの人が大きな影響を与えています。この人たちのエネルギーが、相互に影響を与えているということです。この7人をバージョンアップさせることで、人生を劇的に変えることができます。

バージョンアップとは、何をしたらいいのか。自分が目指している分野で、自分にとって必要な人脈を、より幸福度の高い人脈に変えることで、人生の充実度が高い方向にワープします。

まず、どんな人に囲まれて生きたいかを深掘りしていきます。こういう収入、こういう仕事、こういう趣味、こういう人脈、こういうビジョン、こういう天命（ミッション）、こういう目的を持っている人に囲まれて生きるということを意図します。一度、全て書き出してみてください。こういう部分において、それを充実させている人脈に自分が囲まれて生きることを意図すると、その意図したことが自分の人生に見事に反映されてきます。

心から望む人たちと交流していくという意図を持つことで、自分の人生に関わっている人の流れが変わって、出会う人、関わる人がもっと自分自身にとっての幸福度の高い、より高い意識のある人たちに変わってきます。

意図を、詳細な部分において明確にする。そうすることで自分自身の人脈を変えていくと、人生が意図した方向にワープしていきます。本当の自分の幸福とは何かをちゃんと意図すれば、そこに向かって自分の人脈を変えて、新しい方向に自分をシフトさせられます。そうやって人間関係で人生を変えることもできるのです。

ご縁の組み換え　人脈はエネルギーで変わります

ワーク⑨　必殺の悪縁切り

人が1人いるとします。へその緒といいますが、おへそのところから尾てい骨にかけて、ご縁のエネルギーコードが埋まっています。お腹から背中にかけて横に埋まっているのです。

良縁、神縁、悪縁の3種類が、背中の尾てい骨、尾閭《びりょ》のところに埋まっていて、色がそれぞれ違います。良縁はピンク系、神縁は白、悪縁は黒です。黒縁と言ったりもします。ピンクと白と黒の糸が、尾てい骨のところに放射状にたくさん繋がっています。

人間は生きているときに、黒縁（悪縁）の人、ピンク（良縁）の人、数は少ないのですが白（神縁）の人、3種類と遭遇することになっています。何年何月何日に、どの色の縁の人と会うかが決まっています。

神縁というのは、一生切れません。ずっと繋がっているので、数が少ないのです。全くゼロという人はいませんが、本当に数本しかない人もいます。社会的に働きが大きい人だと、多くて、数十本から数百本ある人もいます。人によって違いますが、平均したら10本以下ではないかと思います。良縁や悪縁など、その時期で変わっていく縁のほうが多いです。

そういう縁がいっぱい繋がっていますが、このご縁は組み換えることができます。悪縁を減らして、減らした分の悪縁の隙間に良縁を入れていくことができるのです。

神縁は、ほとんどさわれません。運命の大もとのほうが、生涯この縁をもってこの人を導くと決めているので、触れることはできないのです。神様にお任せです。

組み換えられるものは、悪縁と良縁です。例えば、悪縁が100本あったとして、それが30本減ったとします。そうしたらその分、スペースがあくので、良縁を増やすことができます。良縁が多くて悪縁が少ない人生は、人生を乱す要素が少ないので、とても幸福度の高い人生です。

幸福な人は、悪縁が少なく良縁が多いのです。**神縁は個人個人違いますが、3種類の縁がバランスを取りながら存在している中で、神縁は置いておいて、いかに悪縁を消していって、減らした分、良縁を増やしていくか。縁は幸福度に直結していますから、幸福度が大きく上昇します**。

ご縁の組み換え法はいろいろあります。

簡単にできる方法としては、ノートを使う方法です。ノートを用意し、そこに悪縁の人の名前を書いていきます。組織や会社もあるので、自分が今いる会社が悪縁なんじゃないかと思ったら、会社の名前でも構いません。悪縁の人の名前や組織の名前を書きます。ノートの見開き1ページに、何となくこれは悪い縁だなと思う名前や組織名を書く。自分が関わってきた会社で悪い会社だなというのがどんどん出てくると思うので、びっちり書いてください。

その後は方法が二つあります。一つはそれを燃やす。僕は、昔使っていた土鍋で、悪縁の人の名前とか組織を書いたものを燃やして悪縁を消しています。もう一つは、ビリビリに破ってゴミ箱に捨てる。悪縁を切りましたというセレモニーなのです。

特に燃やすと非常に強力です。火は霊界（見えない世界）に繋がるので、霊界にある黒い悪縁が消えます。簡単ですが、これがノートを使う悪縁切りの方法です。

ワーク⑩　良縁の浄化

悪縁が消えました。その分スペースがあくので、そこに良縁を増やすにはどうしたらいいか。縁の交換だから、悪縁（黒縁）を切って減らした分だけ、ピンクの良縁を増やしたいですよね。

良縁の増やし方はどうすればいいかというと、同じようにキャンパスノートを用意します。そこに良縁の人の名前や組織の名前を書きます。この人とはなんだかすごく良縁な気がするとか、ハートを感じるというような人の名前、自分が関わっていて、今後も関わっていきたいと思う会社や組織の名前を書きます。そして、同じように燃やす、あるいはビリビリに破る。悪縁は浄化して消えますが、実は良縁も浄化して、バージョンアップします。良縁が浄化されると、より切れない強固な良縁にバージョンアップするのです。悪縁は消滅系ですが、良縁は一旦浄化して、新しく良縁のバージョンを上げるという儀式です。縁がより強固になります。

新しい縁を繋ぐ方法

まだ全く繋がっていない良縁を引き寄せたい場合はどうするか。
知らないから名前は書けません。人の名前も組織の名前もわからないので、ノートに「私が繋がるべき全ての良縁」と書きます。それを同じように燃やすか、破るかして、異世界に繋ぐ。そうすると、繋がるべき全ての良縁が霊界からその人に繋がって、良縁が増えます。それが全く新しい、自分がまだ自覚していない良縁を繋ぐ方法です。

ご縁の組み換えについてのワークをすると、お腹から背中にあるご縁のエネルギーコードの尾てい骨、尾閭についている部分の縁の組み換えが起きて、本来得られる幸福度が最大限に、あるいはそれ以上のいい循環ができます。

先祖供養

先祖供養なんて、辛気臭くて古臭いなというイメージを持たれる方もいらっしゃるかもしれませんが、私は霊能者としての側面を持っていまして、若いときから「先祖供養は大事だ」と恩師に言われ、毎月毎月やってきました。

先祖供養をしていない人と、している人の違いはあるのか。そもそも先祖供養とは何なのか。

先祖というのは人間の血液です。先祖は4次元の意識体（エネルギー）ですが、それが3次元に入ると、人間のDNAになっているのです。血液は先祖でできています。先祖が世の中に対してしていた、いいことも悪いことも、エネルギーがそのまま血液に入っています。悪いことはカルマ、いいことはダルマというエネルギーです。

先祖に悪いことをしていた人が大勢いる家系だと、血が重いというか、暗い雰囲気になります。社会に貢献して役立ったすばらしい先祖が多くいる家系だと、血が軽くて、全てとてもうまくいきます。そういういい波動になって子孫に影響します。

先祖からの影響を総合的によくするために、先祖供養が有効です。重いところに落ちてしまったご先祖様を、少しずつ上に上げていくことができます。そうすると血液の波動が軽くなるので、自分の気持ちや感情もいい波動になって、自分の血液の中のＤＮＡにある、先祖から積み重ねた性能や能力、特性といったものが表に現れてきます。私は、地道に先祖供養をしてきたのでそれがよくわかります。

先祖供養の方法は、お寺でやったり、霊能者に頼んだりなど、いろいろあります。私は毎月毎月やっていましたが、毎月毎月、自分が軽くなっていったことを実感しています。自分の会社を持ったり、経営をしていたりする人は、特に自分自身の気持ちやメンタル面に大きく影響します。先祖供養をしていない場合は、先祖に引っ張られて非常に重くなる場合がありますが、定期的に先祖供養をして、先祖を浄化して波動を上げていくと、自分の波動も上がります。それによって幸福度が上がり、すばらしい人生に自動的に運が整って、開運していくという現象が現れてきます。

先祖供養はやらないよりはやったほうがいいし、きちんとやったほうがより自分自身の幸せレベルの向上、すばらしい社会的な足跡、仕事での成功といったものに直結してくるので、皆さんが思う以上に大事なのです。

磁場調整　あなたの会社は大丈夫？　潜在意識に影響する磁場について

土地とか空間には磁場というものがあります。集合意識とか顕在意識とか、いろいろな意識層がありますが、磁場というのは集合的無意識に大きく影響されています。

例えば、会社のビルの磁場を改善すると、会社の業績がよくなり、繁栄する。マンションの1室にオフィスがあったら、そのマンションョン自体とマンションョンの部屋を磁場調整したら、エネルギーがよくなって、会社が繁栄します。

磁場が悪いとか、磁場がいいとはどういうことなのか。繁華街など人がゴチャゴチャ集まっていて、雰囲気が重かったり悪かったりする場所は、磁場が悪い場所と定義できます。逆に磁場がいい場所は、神社やお寺など、気持ちが清々しくなる場所です。

私も、お店や会社の神社化プロジェクトという形で訪問して、その空間なり会社なりをお祓いしたり、エネルギーワークをして、磁場を清々しい状態にするということをしています。磁場のエネルギー、空間のエネルギーをよくすることによって、清々しい磁場をつくり上げると、現実の自分の会社の仕事や業績にもいい影響があります。

磁場を調整してパワースポットにする方法

楢崎皐月《ナラサキコウゲツ》さんという理系の学者さんが、全国を実地調査して、土地には電位・磁場があることを発見して、『静電三法』（シーエムシー技術開発株式会社　刊）という本を書いています。昭和30年ごろのことですが、この本は今でも販売されています。

土地には電位が高い場所、高くも低くもない場所、電位が低い場所があって、エネルギーが高いほうから低いほうへ流れています。真ん中が0で、電位が高い場所は（＋）、電位が低い場所は（－）です。高くも低くもない場所は全体の3割、（－）のほうの電位が低い場所も3割、（＋）の電位が高い場所も3割です。割合として3割ずつです。

どちらでもない場所というのはゼロポイント近くで、通常というか、よくも悪くもない場所です。電位が低い場所はケガレチといいます。マイナスポイントがついています。電位が高い場所はイヤシロチといいます。漢字で書くと「弥盛地」です。

神社仏閣、特に昔からある神社は、ほぼ電位が高い場所にあったということが突きとめられています。お寺はそうでもないようですが、昔からある神社は、イヤシロチにできていました。古代人が神社をつくるときに、電位が高い場所をサイキック能力で突きとめて、そこにつくったと言われています。

神社は非常に電位が高くて、いい雰囲気です。イヤシロチというのは、物事がよくなる場所、磁場が持続性のある場所です。だから神社は、行けば、お祈りしなくても運がよくなります。電位が高い場所だから、いるだけで物事が弥栄《いやさか》えていく、よくなっていく。そういった場所に神社はつくってあるので、行って何もお祈りしないで、ボーッと30分いて帰ってくるだけでも、もう運がよくなっています。古代からある古い神社はみんなそうです。

そういうことを楢崎先生は全国を回って実地調査して明らかにしています。これはエネルギー場を調整し、最適化する前段階の話ですが、ご自分が住んでいる家がイヤシロチなのか、可もなく不可もないのか、ケガレチなのかはわからないはずです。今現在がどうなのかは置いておいて、少しでもイヤシロチ化すること、神社のような場所にすることがとても大事です。

神社のような我が家にすることを磁場調整といいます。我が家を磁場調整すれば、雰囲気がよくて、清々しくて、物事がよくなる、神社のようなイヤシロチの磁場になります。

エネルギー磁場を調整して最適化するのに大事な三つのポイントがあります。

一つは、クリーンにする、清くする。掃除や整理をして、場の雰囲気をよくする。これがまず第一条件です。

次が、祈りを捧げる。対象は何でも構いません。宇宙、神仏、先祖、何でもいいので、とにかく感謝の祈りを捧げる。きれいにして場を整えた上で、何でもいいので対象を見つけて、感謝の祈りを捧げることによって、磁場の基本ができます。

　そして最後は、自我を手放して、宇宙の導きに身を委ねる、手放す。

　これをバラバラにしている人が結構いらっしゃいますが、三つ全部を組み合わせて、一緒にやるのが磁場をよくするときの基本です。まとめて行うことで、大宇宙とシンクロ（同化）するということが起きます。そして、自分がきれいにした場と、自分自身とそこで暮らす人々が大宇宙のエネルギーと同化して、宇宙による磁場の引き上げ、調整、最適化が起きます。

　自分だけではなく、家族やその場で暮らしている人、事業所とか会社の場合はそこで働いている従業員などにもみんな影響が起こります。皆さんの生活している場と、自分自身全部が高電位な方向、神社のような方向に引き上げられ、家やその人自身が神社化して、パワースポット化します。場とあなた自身がパワースポット化するのです。

　最高のパワースポットは自分自身です。最後は全て手放すことによって宇宙とシンクロして、自分あるいはその場がパワースポット化して、宇宙の最適化によって全てがいい方向に導かれていくという流れになります。

邪気から身を守る保護シールドの張り方

日常生活を送る中で、そこまで感覚能力が全開の人は、ほぼいないと思いますが、気づかなくても人間は周りにいる人の影響を大きく受けています。3次元の地球上では、エネルギー磁場などの環境と人に大きく影響されているのです。

例えば、自分が今住んでいる地域をイメージしてください。大きな場があって、たくさんの人がいます。その住んでいる場が、嫌な雰囲気の、ひどく荒れた場所だとします。そうしたら、そこに住んでいる人は、もともと可もなく不可もない、よくも悪くもない通常の人間であっても、どんどんエネルギーが下がってきます。みんな嫌な感じになってきます。その場の荒れたエネルギーが、住んでいる人たちに影響していきます。

そこに住む人たちのエネルギーがどんどん落ちて、落ちた人同士のエネルギーが全部リンクしていきます。そしてさらに落ちていきます。

磁場調整し、場をよい場にする、イヤシロチに変えると、そこにいる人たちのエネルギーが全部上がってきます。上がった状態で全部リンクしてきますから、さらにいい循環ができてきます。これが磁場調整をする意味ですが、荒れた場にいても邪気から身を守るにはどうしたらいいかをお伝えします。

保護シールドを自分で張る方法です。保護シールドを張ると、土地からの悪いエネルギー、周りの人の繋がりからの悪いエネルギーが入らずに、強力に守られ、保護されます。周りがどういう場であれ、安全な空間を保持できます。

ワーク⑪　保護シールドの張り方

一番簡単なのは、イメージで自分の周りに保護シールドを張る方法です。

①　呼吸を整える
まず、目をつぶって呼吸を整えます。立っていても、椅子に座っていても構い

ません。足が下にある状態でグラウンディングします。意識、氣の位置を落としていきます。へそから指3本ぐらい下の下丹田に意識を集中して、足の裏に意識を集中すると、大地と繋がります。その上で、頭のてっぺんと眉間にも意識を集中させます。足の裏とおへその下、それとおでこと頭のてっぺん、2カ所・2カ所で合計4カ所に意識を集中させながら、息をゆっくり吸って、お腹と足に溜めこんでいきます。

②　氣を上げる
息をゆっくり吐いて、おでこから頭に息を上げていきます。息を吐きながら、磁場（氣）を上げていきます。

③　氣の位置を落とす
ゆっくり大きく吸って、お腹（丹田）と足の裏に溜めて、吐きながらアジナチャクラ（眉間）とクラウンチャクラ（頭のてっぺん）に意識を向けていきます。

④　宇宙と繋がる

吸い込んだときに氣の位置がグラウンディングし、吐きながら宇宙と繋がります。お腹と足に集中して吸う。吐きながら、おでこと頭のてっぺんに意識を向けます。吸う、吐く、吸う、吐くを繰り返してください。

⑤　卵形シールドをイメージする

白い卵の殻がポーンと自分の周りに落ちたようなイメージをしてください。そんなにはっきりイメージしなくても、何となくで構いません。自分が白い卵の殻の中に入ったようなイメージ、卵の殻が自分の上からポコッとかぶさったイメージ、白い卵形のシールドが自分にかかったようなイメージをしてみてください。

⑥　卵形シールドの中で呼吸をする

白い卵形のシールドがかかったイメージのまま、呼吸をします。丹田と足の裏を意識して吸ってください。イメージを続けて、吐きながら眉間とクラウンに意識を向けていきます。卵形のシールドを張るイメージをしながら身体の中に呼吸を通していきます。吸って、吐いて、白い卵に入っています。呼吸を吸って吐いてを数回繰り返したら、白いシールドは自分を完全に保護してくれているので、この保護された状態のまま、ゆっくり目を開けます。

そうすると、目には見えませんが、白い卵形のシールドで自分が護られます。これはあらゆる邪気やネガティブなエネルギー、念、波動から自分を守ってくれます。効果は大体24時間、丸1日もちます。

私のお勧めとしては、朝起きたときに呼吸を整えて、白い卵の殻に入る瞑想をすることです。自分を保護してからお勤めに行くなり、学校に行くなり、外出するようにしてみてください。そうすると、いい磁場、イヤシロチを自分の中につくれます。あらゆるネガティブなもの、魔性や因縁など悪い運氣の流れから自分を守ってもらえます。

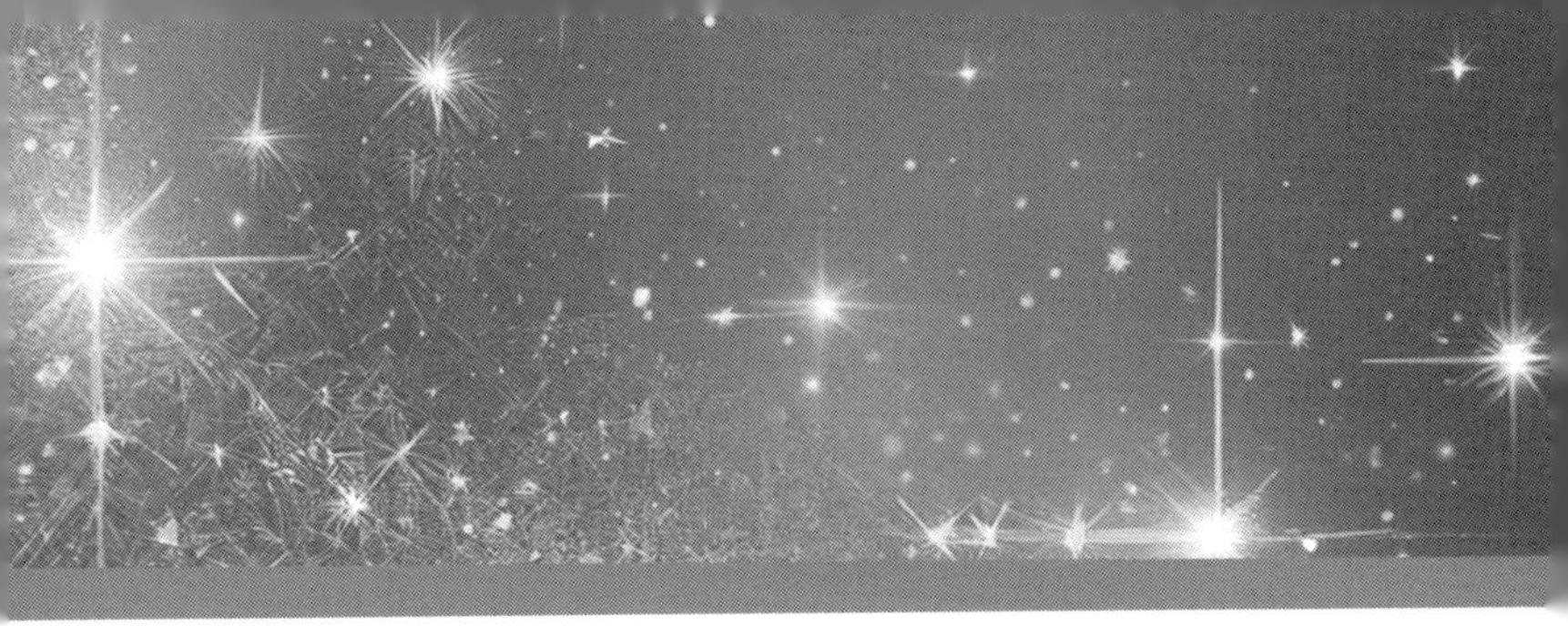

4 ❖ 豊かさ溢れる世界にワープする

金運の流れに乗るための正しいお金の出し方

お金は見える世界にありますが、お金の運氣、金運というものは、見えない世界にあります。

金運というのは宇宙レベルのものになります。金運の流れ、循環というものが、常に世の中には起こっています。地球全体では何兆円、何京《けい》、何垓《がい》というような大きなお金を動かす金運の流れ、循環が存在します。

その中に私（自分自身）がいて、他人（他者）がいて、お金が流れていますが、まず最初に、私（自分）が他者に対して愛を持ってお金を出金するという第一プロセスが必要です。それによって、その情報が金運の本体のところに行きます。「この人は愛をもってお金を循環させせました」という情報です。

そうすると金運のほうから、逆に出金した人に「あなたは愛をもってお金を出金したので、愛をもってお金を入金します」と金運が入ります。それで金運がアップする。このような流れになっています。

一生懸命金運をアップしようと思っても、まず最初に、出金しなくてはいけないのです。出金してから入金、出入金です。愛を持って感謝して、お金を他者や組織、周辺に循環させた分だけ、宇宙に承認が行き、金運のエネルギーが宇宙の愛とともに入金されて、金運がアップします。そしてまた出金して、それが承認され、また金運がお金として入ってきます。このように循環していきます。

この出金、入金を「金運の正循環」と言っていますが、これをいかに維持していくか。お金を払うときに、金運の流れ、循環に乗るには、絶対にやってはいけないパターンが、「このお金、出したくないな」「もったいないな」「もうちょっと安くならないかな」「もうちょっと値切れないかな」。そんな意識でいることです。値切る方がいらっしゃいますが、宇宙的に見たら、値切るのはその価値を認めていないことなので、金運は減ります。

金運の極意としては、正価を払ったほうがいいです。バーゲン品ではなくて、値切ったものではなくて、きちんと物の価値を認めて、その正価を対価として感謝主体で払うことです。そうすると、そのエネルギーが宇宙の大もとのほうに伝わって、そこから金運が入って、金運が上がります。この循環をいかに強くして、大きくして、正しくしていくかということが大事なのです。

価値を認めない、極限まで値切る、バーゲン品しか買わない。そういう人の金運は落ちてきます。相手に与えていないから、承認が行かないし、降りてきません。金運が目減りして、じり貧になるだけです。いつの時代でも、そういう方は社会に一定数いますが、**常に、自分はお金を受け取るのに相応しいという自己承認を持つこと**。これは今、日本人に一番欠如していますが、自分はお金をきちんと持っていい、**正しくお金持ちになるのに相応しいという自己承認があれば、愛をもってお金を正しくきちんと出せる**のです。

そうしたらそれが宇宙に承認され、宇宙の大もとのほうからその人に大きな金運が入ってきて、金運が上がり、そしてまた出すという、お金の出入金の正循環が大きくなってきます。いかに自己承認、自分を認めることが大事かということです。これがいかに自分が金運の流れに乗って、その大きな流れに活かしてもらえるかのポイントです。この循環、流れを絶やしてはいけないのです。

お金がないなら、宇宙銀行の預金を増やしてください
お金エネルギーの循環と具現化

お金を使って価値の交換をするのは、オリオン座由来の文化です。宇宙の中にオリオン座領域があります。そこの人たちは、お金を使って価値を交換するということを、何百万年も何千万年も昔からやっていました。それが地球に入ってきたのです。オリオン人が地球に来たのでしょう。お金を使って価値を循環させるということを地球人に教えたようです。それでお金が誕生しているということのようです。

お金はエネルギーです。物質として存在していますが、そこに価値が設定されています。社会的には例えば100万円だったら100万円の価値ですが、エネルギー的には1円の価値しかない100万円もあるし、1億円の価値のある100万円もあります。宇宙から見たら、100万円の札束もエネルギーによって全然、価値が違うの

です。だからまず、お金はエネルギーだと覚えてください。エネルギーを乗せるかどうかで、今、あなたが持っている千円札、1万円札の価値は、全く別のものになります。私は、毎日、非常に気をつけてお金を使っています。皆さん、お金を軽く使い過ぎです。エネルギーを全く乗せないで、パラパラ払っています。もらうときと出すときがありますが、エネルギーを交換しているので、例えば、私はコンビニで500円ぐらいのものを買って電子マネーで払うとき、瞬間に念じるのです。お金にエネルギーを入れているのです。「**私の誠をこのお金に乗せて、宇宙、天に捧げます**」と、自分のエネルギー、感謝、愛、誠をお金に乗せるのです。そして宇宙に寄付するつもりで、誠意を込めてお金を払っています。

だからお金を払うのにすごくエネルギーを使います。500円にだって、100円にだって、エネルギーを込めます。もちろん、1000円も1万円も10万円も、同じだけエネルギーを入れます。毎回、精いっぱいの誠意、愛、感謝、誠をお金に込めて、クレジットカードも電子マネーも現金も払っています。最近、現金を使う機会は減りましたが、代替手段でも、同じだけエネルギーを込めます。

例えば、1万円を使うのに、目いっぱい誠意と感謝と愛を入れたら、1万円が10

0万円になったり1000万円になったり1億円になったりするのです。1万円を使ったのに、宇宙銀行で1億円に増えているのです。そうやって豊かさが後で回ってきます。そうしたら無限に徳分が増えるでしょう。

私はこの方式で、毎日毎日お金を使いながら、莫大に徳を積んでいます。誠意と愛と感謝を目いっぱいお金に入れて、涙が出るほど入れて使っています。お金を使うときは全部そうしています。ETCでも、運転しながらで大変でもやっています。クレジットカードや電子マネーでも、現金でも、とにかく、どれだけ誠意、感謝、愛をお金に入れて宇宙銀行に捧げられるか、届けられるかで、受け取る豊かさが決まります。自分が受け取れる豊かさの絶対量が、全て宇宙銀行にお金として入ってくるのです。

私は宇宙銀行の口座の残高を見ましたが、とんでもない天文学的な数字でした。それはお金で返ってくる分もあるし、信頼とか仕事、愛、調和、この世の幸福度やあの世の幸福度など、いろいろなもの、魂が受けられる全ての調和というエネルギーに変換されます。

私の場合、寄付もしますし使ったりもしますが、全て天に届けるつもりで全部やっているので、徳が増えすぎてしまって、器の拡大と徳分のアップ、宇宙銀行の預金アップがものすごいのです。器のいっぱいまで溜まると具合いが悪くなるので、徳分売却というのをやっています。お金に価値を乗せて寄付すると、自分の徳分が入ってい る器が壊れて、器が大きくなるのです。そうすると、またいっぱい徳分が入る。そうして徳分売却して、器を大きくしています。

器がかなり大きくなっても、また大きくなっていくという感じで、宇宙銀行の自分の口座の預金残高が増え、器がどんどん増えていきます。器が大きくなればなるほど、自分の関わる物事に対する達成力や、可能性、不可能を可能に変える奇跡など、エネルギーが全て変わってきます。

最近、「吉澤さんに念じてもらっただけで奇跡が起きます」と、謎の感想をもらうようになりました。どうも私が「この人が幸せになるように」と念じただけで奇跡が起きるようです。それぐらい宇宙銀行の徳分が上がっているのです。

逆に呪ったら、とんでもないことになるでしょう。それは自分でもわかっているので、絶対にネガティブなことを一人の人に集中しないようにしています。

自分のエネルギーが高まってくると、ネガティブな方向に暴走させたら社会を混乱させてしまうので、太極、中庸（ニュートラル）、調和の状態で、感謝して、愛で回していくしか方法がないのです。レベルが上がれば上がるほど、そうなります。アセンションすればするほど、徳分が上がれば上がるほど、器が大きくなればなるほど、宇宙の中心とシンクロした状態じゃないと生命の存続ができなくなります。

循環と価値の具現化のこの方式は、宇宙の基本法の一つです。これを地球人である皆さんに理解していただきたいと思っています。新しい宇宙文明の時代にもうすぐ切りかわります。宇宙には1から7まで霊的なランクがありますが、地球はその中のどれかというと、1~7に入っていません。地球のランクは0・7です。1にも満たない、とても幼い惑星なのです。

地球はレベル1にも至っておらず、宇宙の監獄と呼ばれています。カルマのシステムがありますし、戦争もあります。宇宙的に見たらどうしようもないぐらいレベルが低いのです。このレベル0・7の地球を廃して、レベル7ぐらいにするには、今回、お話ししているような考え方を持つ人が増える必要があります。何万人、何十万人、何百万人、何千万人、何億人になったら、地球は地上天国のような、愛が極まったレベル7の惑星になれるのではと思います。

0・7から7に行くのは大変なアセンションです。大変な次元上昇が本当にできるのかと思うかもしれませんが、恐らく、長い時間をかければできます。一人一人の意識が変われば、0・7から1ぐらいにはできると思います。1に行って、さらに上がるには、さらなるプロセスがあると思いますが、永遠の観点から見ると、地球も進歩して成長しているので、皆さんも地球を構成している地球人の一人として、お金エネルギーの循環と具現化のことを理解してもらえたらと思っています。

宇宙には80億の人類全員分の遺産がある⁉ 自分に用意された宇宙の遺産を分けてもらう方法

宇宙の遺産とは何のことやらと思うかもしれませんが、宇宙に遺産があるのです。
宇宙銀行の話は先ほど少ししましたが、宇宙銀行とは別に、宇宙の遺産というストックがあります。80億の人類分、全部用意してあります。

宇宙の遺産を管理している意識体がいるのですが、宇宙の遺産をちゃんと受け取ってくれる人があまりいないらしいのです。人類のうち、多くても8%ぐらいの人しかちゃんと受け取ってくれない。92%ぐらいの人が、ドブに捨てているらしいです。この割合をもうちょっと上げたいのです。50%くらいの人が、ちゃんと宇宙の遺産を受け取れるようにならないかなという希望を、宇宙の遺産を管理している宇宙人のような人から言われましたので、受け取る方法をお伝えしようと思います。


人は頭に霊線（グリッド）、「魂の緒《たまのお》」というのがついています。人種、国籍関係なく、宇宙の遺産と全員が繋がっています。

あなたにもひも（霊線）が繋がっています。宇宙の遺産が最大限インストールされる人はごく一部なのですが、今、自分が宇宙に許可をもらい、遺産をインストールしてもらうことができたら、自分が持っている潜在的なエネルギーが爆上がりします。最大限インストールされたら、周波数が天を貫くほどに上がっていきます。

ですので、いかに自分用に用意してある遺産エネルギーを自分に入れるかです。遺産エネルギーというのは、精神の宝、物質の宝のような感じで全部入っているので、インストールしたらどうなるかわかりません。ただ、精神的、物質的に豊かになるのは間違いありません。幸福感が大きく増して、落ちなくなります。

運氣のバイオリズムがあり、上がり下がりがありますが、その上がり下がりに全く関係なく、バイオリズムの影響を全く受けないでその人の人生が上昇していくようになります。遺産をきちんと全てもらうと、魂が無制限に、本来の自由自在な活動をできるようになります。迷いや執着のない解放された状態、何にも惑わされない状態を「観自在」といいますが、魂が観自在に突き抜けていけるのです。運勢の上がり下がりはあるけれども、それに関係なく、その人の本来の状態、最大限に幸福感のステージが上がっていくというのが、宇宙の遺産をインストールされて活躍する人です。

私もインストールされていますが、全て受け取れているとは言い難いです。まだ3～4割くらいかと思います。全部もらいたいですけれど。

今回は、宇宙の遺産を短時間で簡易的にもらえる方法をご紹介します。皆さんもぜひ宇宙の遺産をインストールしてもらってください。

《宇宙の遺産をインストールする方法》

① 椅子に座って、目を閉じて、手は膝の上に開いて置きます。
鼻から息を吸って、お腹に息をためて、吐いて意識をお腹に落としてください。
吸って、吐いて、深呼吸を繰り返してください。
丹田（へそ）に意識を通していきます。
息を吐き切る。へそに意識を落とす。深呼吸を繰り返します。

② アファメーションします。心の中で唱えても、声に出してもいいですが、言霊に出すとより強力になるので、小さな声でもいいから出してもらったほうがいいです。

「私のために用意された大宇宙の遺産よ、宇宙が許される限り、今、私に大宇宙の遺産をことごとく、目いっぱいインストールしてください。私は宇宙の遺産を目いっぱいいただくことで、宇宙に貢献し、還元し、宇宙の役に立つ生き方を地球上で展開していきますので、どうかお導き、ご加護賜りますようお願い申し上

げます。全てお任せし、委ねます。手放します」

③　宇宙に全て託し、委ねます。

④　必要な遺産が瞬時にインストールされるので、お腹の上に手を合わせて、「**全宇宙に感謝申し上げます。遺産をいただいたことに感謝申し上げます**」と声に出します。それで目を開けます。

これで自分に用意された宇宙の遺産が、皆さんに許される限り、インストールされます。最大限、インストールされる人もいますし、そうではない人もいます。受け取れる量は人によりますが、このワークをすると、いつでもどこでも宇宙の遺産があなたにインストールされます。

手っ取り早く金運爆上げ!!

金運とはエネルギーだとお話ししましたが、さらに言えば、生命エネルギーです。お金の運は、生命のエネルギーです。伝統的な東洋医学では、万物は「木火土金水」の五つの元素でできていると考えられていますが、その木火土金水でいうと、金のエネルギーです。陰陽五行があって、このうちの金氣が金運になっています。木火土金水の五行の氣で、みんなどこか足りないところがあるのです。木火土金水のエネルギーが全て100ですという人は、地上にはいません。どこかしら欠けています。

金の氣の欠けが大になると、本当に文字どおり金欠です。金氣が足りない。金エネルギーの欠けている部分が大きいと、金欠になって、実際に本当にお金がないという現象になります。

金運爆上げというのは、木火土金水のエネルギーを整えて、特に金氣が足りていいない人のエネルギーを上げることです。欠けが全くなければ、「巨億霊験」といって、フルパワーで金氣が循環している状態です。金氣が常に回っている状態は、金欠の逆で、金氣が満ちているので「金満」です。循環が満ち溢れている状態が金満です。金満になるということは、ほかのエネルギーも全部満ちて、欠けがなくなってきます。


金満になる（金氣を満たす）には、三つポイントがあります。

一つ目は、神社に参拝する。場所にもよりますが、仏閣、お寺でもいいです。

二つ目は、温泉に入る。温泉は陰陽五行のエネルギーが全部入っています。

三つ目は、金（ゴールド）を保有する。あるいは貴金属を持つ。貴金属も金属なので、金氣が入っています。


この三つが金氣を手っ取り早く充満するとても大事な方法です。特に温泉は、五行全部が入るので、生命エネルギーチャージになるし、陰陽五行が足りるので私はいいと思います。日本にいたらチャンスは多くあるでしょう。特に金氣のみに絞ったら、金氣のエネルギーに強い神社もありますが、神社やお寺に参拝したり、実際の金や貴金属を保有するのが、手っ取り早く金運が上がる方法です。

そのもっと上があって、宇宙から直接もらう方法です。これは簡単で、朝起きたとき、あるいは夜寝る前に、布団でもベッドでもいいのですが、お布団の上に座ります。胡坐《あぐら》をかくか、結跏趺坐《けっかふざ》という坐禅の際の座り方をするか、正座をするか、体育座りでも何でもいいです。手は密教でいう金剛合掌のように指を組んで、ハートの上に置きます。そして目をつぶって、

「親愛なる大宇宙よ、私に必要な金運を全て充足して完璧な状態にしてください。願わくば、木火土金水のエネルギーを全て完璧に充足して、正しく宇宙とシンクロし、充満した全ての木火土金水のエネルギーが爆上げされた本来の魂の状態に私を整えてください」

そのようにお願いすると、金運（金氣）だけではなく、木火土金水全部のエネルギーが整って、エネルギーが大きく上昇します。

短期間で豊かさを具現化させる方法

昔の古代日本語だと、「弥栄」の一言で豊かさをあらわしています。古代の日本人の考え方だと、天界の存在が弥栄を管理している。天界が弥栄、豊かさを管理していて、我々は地上にいて生活しているわけです。人間ですから集団で生きています。一人では生きられないので、いろいろな人が自分の専門分野を持って、協力し合いながら集団で生きています。

天界からオギャーと生まれておりてきて、全員、霊線が繋がっています。見えませんが、皆さんは生きている限り、背骨のところに天界からの線が繋がっているのです。

もしも、これが何らかの理由で切れると、死にます。この糸が切れたら、その人は天界に帰ります。この現実では生きられません。生きているということは、天と霊線で結ばれて、天から生かしてもらっているのです。天界が弥栄、豊かさのエネルギーを、霊線を通して人に降ろしてくれているので、毎日救われているのです。

こういう天界と地上の間を行ったり来たりし、生まれて死んで、死んで生まれてを繰り返しているのが輪廻転生の輪です。天界から人間が生まれ、死んだら肉体は土に還り、魂は天に還り、天からまた魂が降りてきて、人の体をとって、またひと働きをして、また死んだら肉体は土に還り、魂は天に還りという繰り返しをしています。

これが短期間で豊かさを具現化させる方法と何の関連があるのか。

まず、生きるとか死ぬとか、豊かとか貧しいとか、全ては天界が管理しています。霊数というのがあって、その人のことは全て霊数で決まっているのです。その人が何年何月何日に生まれ、何年何月何日に死ぬこと。何歳で学校に入って、何歳で学校を終わって、こういう会社に入って、こういう仕事をして、あるいはこういう企業をつくって、家族構成はこうで、子どもは何人で、交友関係はこうで、生涯資産はこれぐらいと、全てが霊数で決まっています。

それを全て変えることはできませんが、部分的には変えられます。霊数をよりよくするためのものが、徳を積むことです。何度かお話しししていますが「徳積み」と何度もお伝えしているのは、この設定されている霊数を上に上げるためなのです。

霊数が上がると、現実における弥栄や豊かさがレベルアップします。徳を積み、霊数を上げたら、弥栄、豊かさのレベルが上がります。波動が上昇して、その人の地上における幸福度が上がるのです。周りの、徳を積んでない人が見たらびっくりするくらいです。本人すら驚くほど変わることもあります。

短期間で豊かさを具現化させるのに一番いい方法は、徳積みを短期間ですることです。短期間で徳積みをする一番いい方法は何かというと、人の幸せ、世の中の幸せ、地球と宇宙の幸せを短期間で強く祈ることです。これを「利他の祈り」といいます。

利他の祈りで地球と宇宙の幸せ、世の中の幸せ、人の幸せ、自分に関わる全ての人の幸せを短期間で強く強く祈るのです。全員が幸せになって、豊かになって、幸福になって、調和するように、自分に関わっている人が全員、魂の願いが叶って、天命が成就して、幸せになることを、自分のことをさておいて祈る。自分に関わる全ての人の幸せを、汗がダラダラ垂れるぐらいまで集中して短期間で祈る。自分じゃなくて、自分に関わる人の豊かさを死ぬ気で短期間で祈るのです。

そうすると、これは「祈りの徳」という徳積みなので、その人の霊数が大きく上がります。天界も宇宙もびっくりです。こいつは自分のことはさておいて、人の幸せを一心不乱に、こんなに一生懸命祈っている。じゃ、霊数を上げようかと、徳分や振動数、波動が一気に上がるのです。自分の豊かさや幸せなんて1ミリも祈ってないのに、勝手に天にも昇るようなすごい環境にこの人は変わります。人の幸せを祈ったのに、真っ先に自分が救われます。

自分のことを救ってくれと祈っている人は世の中には多いのですが、全然救われないで、ダメになるパターンをいっぱい見てきました。それは利己だからです。自分のことばかりやってしまうと、霊数は何も変わりません。むしろ下がります。調和度が下がるから、ますます不幸せになります。

自分のエゴや利己を滅するということは、自分に関わる全ての人の幸せを、命がけで短期間で祈ることです。そうすると、その人はアセンションします。利他の幸せを祈っているから、愛が非常に大きくなるのです。波動が上がって、霊数が上がって、奇跡が起きます。

短期間で豊かになりたいんだったら、自分のことはさておいて、愛の塊になって、ぜひ自分に関わる全ての人の幸せを死力を尽くして利他の祈りで祈ってください。確実に奇跡が起きます。

祈りの徳積み、霊数向上をしてみてください。自分のことを何も祈っていなくても、自分の望んでいたことが全部叶っています。それが本当の愛の力です。

終わりに　どんなときでも幸せに生きる方法

人間は生活していると、周りの状況にすごく左右されます。今、日本でも世界でも大変な状況の方が多いと思います。だからといって、周りのドヨーンとした重いエネルギーに自分を合わせてしまうと、全てが沈み込んで、売上げが下がったり、仕事ができなくなったりします。そういったマイナスの、大きくバランスを崩した思考回路に落ちてしまっている人が多いと感じています。

でも、こんな状況だからこそ、自分自身の内側をよく見て、自分の魂・心・本質の一番奥深くから、自分はこの仕事を通してどんなふうに幸せに生きられるのか、どんなふうに豊かになっていけるのか、徹底的な突き詰めをするいい機会だと思うのです。

これが内観です。

私は何度かお話ししているように書き出しをお勧めしていますが、自分がやっている仕事を通して、どんな人を幸福にできるか、幸せにできるか、豊かにできるか、それによって最終的に、自分がどのように幸せに豊かにしてもらえるのか。宇宙が人間を生かしているので、その宇宙に、どうやったら仕事、社会的な貢献・活動を通して、自分を一番活かせるのかを問うのです。

そういったことに目を向けて、自分は一番この仕事を通して幸せになりたい、豊かになりたいといった軸をつくっていく。この世間が落ちている時間に、自分の幸せ、豊かさ、在り方、生き方、生き様というものに関して深く内観して、自分自身の本当に幸せでいられる在り方、to be の部分をつくっていく。こういったことに時間をあてもらうのが、今、とても有意義なのではないかなと思います。

これは一種の助走期間です。力を溜めこんで、自分自身を準備して、to be の在り方の部分で、幸せに生きる在り方、生き方のベースをつくると、動けるようになったときには、一気に to do（行い）をしていくことができます。そのときのスタートダッシュは、今いかに自分の to be を見つけるかです。この仕事、生き方、在り方をしているから、どんなことがあっても幸せであり、豊かであり、幸福であるという、自分自身を見つける内観の時間をつくることで、非常に有意義に過ごせるのではないかと思っています。

この本の中でも書き出しを含めたワークをいくつかご紹介しました。ぜひ、読んで終わりではなく実践して、ご自分のいる現実から、本当に望んでいるパラレルワールドへワープし、アセンションをしてください。

あなたが3次元に生きながら神のような働きを神の代理として生きていく存在になること。あなたが周りの人を幸せにすること。そして何よりあなた自身が幸せになり、この地球が地上天国になることを願っています。

本といっしょに楽しむ イッテル♥ Goods&Life ヒカルランド

書いたら決まる！ 書いたら叶う！

未来創造ワークシート

PDF 無料プレゼント

成功人生にワープする意識波動を設定するためのワークを実践するのにお役立ていただける、ワークシートの PDF データを無料でプレゼントしています。下記 URL、または QR コードを読み込んで、申し込みフォームへご記入ください。ダウンロードの手順をメールでお届けいたします。
紙のワークシート、もしくは吉澤尚夫先生のエネルギー封入つきスペシャルバージョンのご購入をご希望の方はヒカルランドパークで販売しています。詳しくは巻末の228ページをご覧ください。

無料ワークシート申し込みフォーム

https://hikaruland-miracle.com/p/r/bvsYAQsQ

吉澤尚夫
高波動エネルギー研究所 代表
サイキックコンサルタント

幼少よりスピリチュアルの能力があり、中高時代に強烈な霊障を体験。除霊師に救われる経験からスピリチュアリストとして将来仕事することを決意する。また16歳の時には“覚醒体験”を通じ、人生を通してのテーマを自覚。それは、“波動エネルギーや見えない力を人生に取り入れて、人を豊かに幸せにすること”。その後、神道・密教を独学で学び、独自に修行することで、もともと備わっていた能力を磨く。以後、サイキックリーディングの専門家として、数々のカウンセリングを行う。

大学卒業後は一般企業に就職するも、25歳でスピリチュアルの能力を使った占い師・カウンセラーとして独立。株式会社船井総合研究所の創業者である、故船井幸雄氏と繋がり、経営コンサルティングを学ぶ。船井氏直伝の経営コンサルティングとスピリチュアルカウンセラーとして培った経験を融合させた独自の経営コンサルティングが評判を呼び成果を出すも、当初の「スピリチュアルで困っている人を助ける」という志を忘れ、挫折を経験。その後、「やはりスピリチュアルで精神的な満足感を得てもらうことが自分の生きる道」と決意を改め、「魂の人生を歩む手伝い」をするというコンセプトのもと、再び独立する。

自殺未遂の経験がある方、家庭での深いトラウマがある方、自身を強烈に否定している方など、一般のカウンセリングでは解決できない深い症状の方に対応。累計1万人以上の相談に乗っている。

高波動エネルギー研究所
HP https://hisaoyoshizawa.com/

1000次元との超越統合
神界とのパイプをつなぎ直す　大宇宙全統合力のすべて

第一刷　2023年10月31日

著者　吉澤尚夫

発行人　石井健資
発行所　株式会社ヒカルランド
〒162-0821 東京都新宿区津久戸町3-11 TH1ビル6F
電話 03-6265-0852　ファックス 03-6265-0853
http://www.hikaruland.co.jp　info@hikaruland.co.jp
振替　00180-8-496587

本文・カバー・製本　中央精版印刷株式会社
DTP　株式会社キャップス
編集担当　小池恵美

ISBN978-4-86742-305-9

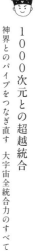

「1000次元との超越統合 神界とのパイプをつなぎ直す 大宇宙全統合力のすべて」成功人生を確定させるためのワークショップ

一人ではワークになかなか取り組めない…という方向けに、数回に渡り、本書を使ったワークショップをオンライン、もしくは都内会場にて開催します。先生ご本人は参加されませんが、参加者全員が自分と向き合いワークに取り組む時間を設けます。

日時：ホームページをご覧ください。
会場：神楽坂ヒカルランドみらくる もしくはオンライン
参加費：2,000円
ファシリテーター：「1000次元との超越統合 神界とのパイプをつなぎ直す 大宇宙全統合力のすべて」編集 小池
お問合せ：元氣屋イッテル
詳細・お申込み
https://kagurazakamiracle.com/event2/1000dimensionworkshop/

神楽坂
ヒカルランド
みらくる
Shopping & Healing

元氣屋イッテル（神楽坂ヒカルランド みらくる：癒しと健康）
〒162-0805 東京都新宿区矢来町111番地
地下鉄東西線神楽坂駅２番出口より徒歩２分
TEL：03-5579-8948 メール：info@hikarulandmarket.com
不定休（営業日はホームページをご確認ください）
営業時間11：00〜18：00（イベント開催時など、営業時間が変更になる場合があります。）
※ Healing メニューは予約制。事前のお申込みが必要となります。
ホームページ：https://kagurazakamiracle.com/

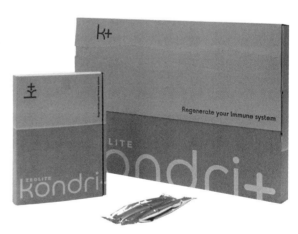